エチオピアの歴史を変えた女たちの肖像

Woven into the Tapestry:
How Five Women Shaped Ethiopian History

著：テケステ・ネガシュ（Tekeste Negash）
タペストリー：ベリット・サフルストローム（Berit Sahlström）
共訳：眞城百華／石原美奈子

上智大学出版
Sophia University Press

【女王アハイェワ】

74×131 cm

　女王アハイェワはどのような姿形をしていたのであろうか。私には想像に任せるしかなかったので、ここでは彼女の日常生活での姿をイメージし、描き出した。彼女は国を統べる王であると同時に宮廷内の幼い子供たちを育てる母親でもあった。絵の左右の端には、エチオピアにキリスト教を伝えたとされる若きフルメンティウスとアエデシウスを描いた。2人は、毎日アハイェワと言葉を交わしていたに違いない。そして、やがて彼女はキリスト教を自らの宗教として受け入れ、戦いや暴力の神々を崇拝する古い信仰を捨てた。

　私は、このタペストリーを制作するにあたり、アハイェワが暮らしていた環境を実際に見たいと思いアクスムを訪れた。作品の背景は、アクスムの壮大な宮殿に遺された石や木材を組み合わせた壁を、制作者の想像と技術で描き出した。

【マケダ（シバの女王）】

131×113 cm

　エチオピアでマケダの名で知られている「シバの女王」については、世界のいたるところでさまざまな方法でその肖像が描かれている。私は、彼女の肖像を、エチオピアの伝統的な革製の手稿本の表紙にあるような模様のなかにおさまるように、そして、彼女と関係の深い象徴である、ダビデの星、アクスムの方尖塔、モーゼの十戒が刻印された聖櫃と共に描いた。この聖櫃は、マケダの息子メネリクが父親であるイスラエル王国の王ソロモンを訪ねて持ち帰ったものである。全体の構図はエチオピアの国旗の色を取り入れている。つまり、私はマケダをエチオピアの国民国家の礎を築いた人物として表現したのである。

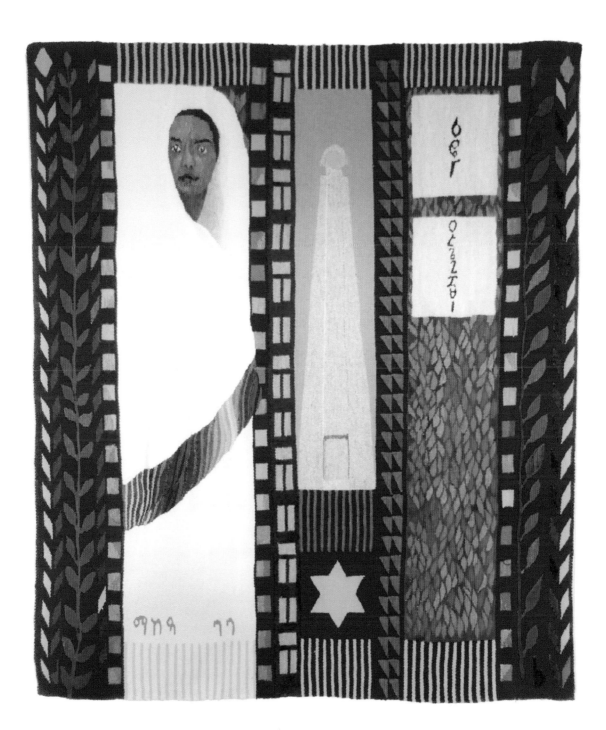

【王妃エレニ】

129×94 cm

　エレニは、イスラーム教徒の王家に生まれ、幼い頃にキリスト教徒の王に嫁いだ。以来、彼女はキリスト教徒として、キリスト教王国のために身を捧げた。そのため、私は彼女の片手に十字架を、もう片方の手には王冠を手にしている様子を描いた。王冠は炎のようにも見える。それは彼女の強くカリスマ的な性格を表したかったからである。細身の身体に描いたのは、彼女が一年中断食〔動物性蛋白質を摂取しない断食〕を行っていたことで知られていたからである。彼女は十字軍戦士でもあった。後景には、彼女が率いていたであろう軍隊とその家族が住むテントを描いた。

【王妃タイトゥ】

122×77 cm

　本書で取り上げる女性たちのなかで、遺影が存在するのは、王妃タイトゥとシルヴィア・パンクハーストの2人だけである。この作品に描かれた王妃タイトゥの肖像は写真をもとにしており、現実に即して描出した。私が意図したのは、高潔で誇り高い女性を描き出すことである。王妃の衣装と装飾は、写真をもとに抽出したものであり、肖像がうまくおさまるようにあしらった。

　このタペストリー作品は、紺青、白、黄色、茶色の毛糸で織り込まれている。背景には広大な山地を据え、まるで彼女が首都アディスアベバの北部にそびえるエントット山〔宮廷所在地〕の前で立っているかのように描いた。

【シルヴィア・パンクハースト】

103×88 cm

　私はこれまでシルヴィア・パンクハーストの肖像を描出したタペストリー作品をいくつか制作してきたが、これは7番目の作品にあたる。1950年代にイギリスのヒースロー空港で撮影された写真をもとにしており、彼女を年配の女性として描いている。作品は下から織り上げていき、彼女が演壇に立っているかのように、下部に赤茶色の帯状の部分、そして両脇に枝葉を設けた。彼女の活動家としての側面を表現したかったからである。服装は、当時の英国人女性の典型的な装いとなっている。

　女王アハイェワの作品同様、背景には抽象的なパターンを施した。これはタペストリーに見合った表現技法である。上部左側には、青色、ライラック色と白色からなる形を細かく織り込んでいる。もとの写真には、シルヴィアの息子のリチャード・パンクハースト〔著名なエチオピア研究者、2017年没〕が母親の後景に写っており、タペストリーにも彼の眼鏡やネクタイ、シャツの襟の色をぼんやりと浮かび上がらせるように工夫した。

【シルヴィア・パンクハースト、ハイレセラシエと若き写真家】

67×82 cm

　このタペストリーは、当時12歳だったシルヴィアの息子リチャード・パンクハーストによって撮影された写真をもとに制作された。リチャードは新しいカメラを手に入れたばかりで、母親のシルヴィアと当時イギリスに亡命していたハイレセラシエ皇帝と一緒に植物園を歩いていた。ハイレセラシエは、その少年を意識していたようで、リチャードの方を向き、後ろにいた彼の警備員もリチャードを見ていた時にこの写真は撮影された。3人は互いを認識して視覚的トライアングルを構成していたが、シルヴィアは常に自分のしていることや議論に没頭しており、写真を撮影されていることにも気づいていなかった！

WOVEN
INTO THE TAPESTRY

How Five Women Shaped Ethiopian History

エチオピアの歴史を変えた女たちの肖像

by Tekeste Negash
Tapestries by Berit Sahlström

Translated by Momoka Maki and Minako Ishihara

目次

第 1 章 女王アハイェワ
──エチオピアのキリスト教受容 …… 1

第 2 章 マケダ（シバの女王）
──エチオピア国民国家の建設 …… 23

第 3 章 王妃エレニ
──キリスト教優位の存続 …… 41

凡 例

● 本文中の〔 〕は、訳者による追記（補足説明）である。

● 本書では各章末の文献リストは日本の読者の理解を助けるために追記しており、原著とは一部異なる。また同様の理由で原著の内容についても著者の許可を得て一部修正を施してある。

はじめに

　エチオピアと聞いて何を想像するでしょうか。またエチオピアの女性と聞いてどんなことを考えますか。

　今のエチオピアに多様なジェンダーや民族や宗教の人々が生活しているように、エチオピアの歴史にも多様な出自を持つ人々が存在し、男性とともに女性もエチオピアの歴史を紡いできました。現在のエチオピアやアフリカを知るためには、その歴史を学ぶことが理解を深めるための第一歩となるでしょう。本書では、エチオピアの歴史において大きな役割を果たしてきた5人の女性を取り上げ、その女性の経験から同時代のエチオピアを映し出しています。

　アフリカにおいて長く続く文明を持つエチオピアは1世紀に成立したアクスム帝国にルーツを持ち、独自の文字も有すなど豊かな文化を維持してきました。4世紀という早い時期にキリスト教（エチオピア正教）を受容しましたが、その後同地域にはイスラームも浸透したのに加え、そのほかの多くの民族の独自宗教も各地で信仰されるなど多層化された興味深い宗教世界を築いてきました。また19世紀後半の列強によるアフリカ分割期にも、エチオピアは列強との交渉と戦争の勝利により独立を維持したアフリカでも稀有な存在です。

　本書で扱う、アハイェワ女王、マケダ女王、エレニ王妃、タイトゥ王妃の4人は、4世紀から20世紀のエチオピアにおいて、キリスト教の受容、国家建設、大航海時代のポルトガルとの関係、アフリカ分割期のエチオピアの独立維持においてそれぞれ歴史を動かす役割を果たした女性たちです。また5章で取り上げられているイギリス人のシルヴィア・パンクハーストは、1935〜41年のイタリアのファシズム政権によるエチオピア侵略の際に、海外亡命を図ったハイレセラシエ皇帝を支援し、国際的なエチオピア支援の運動を展開し、エチオピアの独立の回復に多大な貢献を行った女性です。女性たちはどのように男性の統治者や諸外国の人々と交渉を重ね、エチオピアの歴史を形作ってきたのでしょうか。本書で扱う女性たちが果たした役割は、エチオピアの通史においてはほとんど言及されていません。女性の視点で歴史を見直してみると、どのような歴史の側面が映し出され、またその国の歴史や社会、ジェンダー関係の理解を深めてくれるでしょうか。

本書の原書は、スウェーデン・ウプサラ大学のテケステ・ネガシュ (Tekeste Negash) 名誉教授とタペストリー作家であるベリット・サフルストローム（Berit Sahlström）氏による *Woven into the Tapestry: How Five Women Shaped Ethiopian History* です。エチオピア史、エリトリア史の大家であるテケステ教授が、エチオピア史における５人の女性を取り上げ、通史に埋没することの多い女性の視点からエチオピア史、アフリカ史を再考する面白さを訴えかけています。またサフルストローム氏が作成した５人の女性を編み込んだタペストリーは、多くは写真にも残らない女性たちを生き生きと描き出しています。本書で扱う５人の女性たちを編み込んで作成されたタペストリーは、エチオピアになじみのない読者にも興味を引く色彩豊かな芸術作品であり、女性たちそれぞれの人生のみならず、彼女たちが生きた時代をも感じさせてくれます。

　長年、人生のパートナーとして歩んできたテケステ教授とサフルストローム氏の２人の娘であるハンナさんとミリアムさんも、女性に焦点をあてたエチオピア史の執筆をテケステ教授に強く勧めたそうです。

　本書は、女性に焦点をあてていますが、それぞれの女性が活躍した各時代のエチオピア史についても詳細な叙述がなされています。エチオピア正教の受容、イスラームとキリスト教の関係、オスマン帝国の伸長とポルトガルの影響、アフリカ分割期のエチオピアにおけるイギリス、フランス、イタリアとの外交交渉とアドワの戦い、ムッソリーニ政権下のイタリアによる侵略、というエチオピア史の重要な時期を政治的な視点だけではなく、当時の社会のありようについても詳しく説明しています。そのため、この本を通じてエチオピア史のみならず、アフリカ史や世界史を学ぶことの面白さを多くの人たちに気付いてもらえるきっかけとなると考えています。

　2024年３月

眞城　百華

石原　美奈子

日本語版への序文

　2016年5月、テケステは永原陽子教授（京都大学）と眞城百華教授（上智大学）に招かれ、初めて日本を訪問しました。上智大学では、エチオピアの宗教について講演を行いました。その際に講演会に参加してくれた南山大学の石原美奈子教授とも出会い、本書『WOVEN』についても紹介することができました。

　2018年3月、私たちは2人一緒に日本を訪れ、5人のエチオピア女性のタペストリーを上智大学で展示し、タペストリーを見てもらいながら講演会を開催することができました。その後タペストリーの展示は、南山大学（名古屋市）ならびにアジア経済研究所図書館（千葉市）においても実施され、多くの日本の学生や研究者に関心を持ってもらったと聞き、とてもうれしく思いました。

　その後、石原教授と眞城教授から、「この本を日本語に翻訳したい」との連絡を受けました。日本において翻訳者としては、エチオピア政治・文化史の専門家である両者をおいてほかに依頼できる研究者はいないでしょう。両教授の尽力には感謝に堪えません。

　本書は一般読者向けに書かれたもので、エチオピアの歴史の入門書でもあります。エチオピアは、日本と同じように長い歴史を持っています。そこで私たちはそれぞれの時代において重要な役割を果たした力強い女性指導者に焦点をあて、その時代を叙述しようと試みました。多くの日本の読者が、これらの女性たちの人生や経験を通じてエチオピアの歴史に触れ、エチオピア女性が果たした役割について学んでくれることを期待しています。

　　2024年3月

　　　　　　　　　ベリット・サフルストローム＆テケステ・ネガシュ
　　　　　　　　　　　　　　　　スウェーデン、マルメ

アフリカ大陸とエチオピア

地中海

アラビア半島

紅海

エチオピア

大西洋

インド洋

スーダン

エリトリア

アクスム アドワ

ジブチ

アディスアベバ

エチオピア

南スーダン

ソマリア

ケニア

第 1 章

女王アハイェワ

——エチオピアのキリスト教受容

偶然にも二つの出来事が同時に起きたことから、4世紀前半、エチオピアにキリスト教が導入された。一つはアクスム王国において女王アハイェワがまだ幼かった息子（たち）に代わって王国を治めたこと。もう一つは、シリアからキリスト教徒の2人の青年がアクスムにやって来たことである。この章では、エチオピアへのキリスト教の導入に関する従来の説明で見過ごされてきた女性の役割に注目する。

　キリスト教がエチオピアのアクスム王国に導入されたのは、4世紀前半である。当時、国王が死去し、寡婦となった王妃が女王として国を治めていた。今のところ残された文献からわかっているのはこのことだけである。エチオピアの史料から、この女王がアハイェワであったこと、さらには20世紀初頭の文献資料から、この人物がアクスム王国の最初のキリスト教徒の統治者であったことがわかっている。だが考古学的研究は、史料研究とは異なる見解を示している。考古学では、最初にキリスト教を導入した統治者は王エザナであったとしている。

　とはいえ、史料と考古学的資料の間のくい違いはそれほど大きいものではない。考古学の遺物資料から、エザナは自らの〔名を印刻した〕貨幣と石碑にキリスト教の象徴を用いた最初の統治者であったことがわかる。しかしながら、エザナの貨幣より少し前にも、キリスト教の象徴を施した王名のない貨幣があったことが考古学的調査から明らかになっている。その貨幣こそ、アハイェワの治世下で鋳造された可能性があるものである。今から半世紀ほど前までは、考古学的資料が決定的証拠となると信じられていたが、昨今では、状況によって解釈が変わりうるとされている。史料と考古学的資料との間に明らかなくい違いがあるのは、歴史上での女性の役割を過小評価してきた家父長制的な資料解釈の結果であろう。

　この章の目的は三つある。第一に、エチオピアへのキリスト教の導入に女王アハイェワが一定の役割を果たしたという証拠を提示することである。この時代は、エチオピア史の転換期にあたる。第2章で論じるように、アクスム王国は6世紀にエチオピアの国民国家建設のために、旧約聖書から統治モデルを引き出した。第二に、アクスム王国の初期の歴史とアハイェワが統治していた時代の社会の概要を示すことである。そして第三に、最新の研究を踏まえてアクスム王国と南アラビアの歴史的つながりを描き出すことである。これは付録1で述べることにする。

女王アハイェワはどのような人物であったのか

　エチオピアにキリスト教が導入された経緯について、初めて記録に残したのは4世紀後半に生きていたルフィヌスであった。〔イギリスの歴史・考古学者〕ステュアート・ムンローヘイはルフィヌスの記述を修正し次のように記している。

　　ティルス〔現レバノン〕出身の哲学者メロピウスは、教え子であり親戚でもある青年2人を伴いインドに向かっていた。青年のうちフルメンティウスが年上で、アエデシウスが年下であった。今日のマッサワ周辺で彼らの船が海賊に襲われ、乗船していた人々の大半が殺された。アエデシウスとフルメンティウスは木の下で勉強していたところを発見され、アクスムの王のもとに連れて行かれた。王はアエデシウスを自身の酌人にした。一方、フルメンティウスは聡明で堅実な性格の持ち主であったので、王は、彼を会計と書記にした。その後、王は、後継となる幼い息子と王妃を遺して死んだ。王妃は、王の死後、若いアエデシウスとフルメンティウスに、息子が成人するまで自分と共に王国を統治するよう頼んだ。

　　フルメンティウスは、アクスム滞在中、政治の実権を握った。彼は信仰心にかき立てられ、キリスト教徒のローマ商人たちを探し求め彼らに影響力を持たせ、ローマ風の祈祷所や祈祷集会所を設立するよう促した。フルメンティウスは商人たちの要望にこたえて建物のための土地を与えアクスムでキリスト教の種を育むために力を尽くした。

　　アクスム王国の王子が成人すると、アエデシウスとフルメンティウスはローマ帝国に戻った。アエデシウスは両親と親戚を訪ねるためにティルスに向かった。フルメンティウスは神の所行を公にするべきであるとしてアレクサンドリアに向かった。彼はすべてを総主教に話し、すでに改宗して導きを待っているキリスト教徒やアクスムに建てられた教会のためにそれらにふさわしい司教を任命して派遣するように懇願した。それに対して、アレクサンドリアの総主教アタナティウスは、フルメンティウスを聖職者に叙任し、キリスト教徒共同体の司教としてアクスムへ戻るよう指示した。(Munro-Hay 1991: 202-204)

ルフィヌスはこの話を、アエデシウスから聞いた。アエデシウスはその時すでに高齢になっていた。

　キリスト教受容に関するエチオピア側の史料の内容は、基本的にはルフィヌスの説明と同一である。比較的信頼の置ける史料によると、フルメンティウスとアエデシウスが女王アハイェワのもとに連れて行かれた時、女王は双子の息子たちに代わって国を統治していた（Tekle Tsadik 1968）。彼女はフルメンティウスを息子たちの教育係に任命した。息子たちが成長して王国を統治できるようになると、フルメンティウスは故郷に戻ることを許された。しかし彼は帰郷する前に周囲の人々をキリスト教に改宗させた。

　歴史家たちがこれまでキリスト教導入に関して主に注目してきたのは、受容の年代、フルメンティウスの功績、エザナがキリスト教への信仰を表明した有名な石碑などであった。そのおかげで、アクスム王国の王家が330年に公式にキリスト教に改宗したことや、それがフルメンティウスの帰郷前であったということがわかっている。エザナのキリスト教の石碑は4世紀半ばのものとされている。356年にはアクスム王国のキリスト教はローマ帝国に公認されていた。ローマ皇帝からアクスム王国の2人の王エザナとサイザナに宛てて送られた手紙には、フルメンティウスの教えについて議論の余地はあるとしながらも、キリスト教そのものへの異論表明はなかった。

　アクスム王国がキリスト教王国になったいきさつは複雑である。現在利用できる史料をすべて丹念に読み込めば、アハイェワの役割がこれまで考えられていた以上に重要であったことが明らかになるだろう。ルフィヌスは、寡婦となった王妃が女王として権力を握ったと確かに述べているものの、その名前を明記していない。女王の名前が明記されているのは、エチオピアにある史料のなかだけなのである。

　では、20世紀にエチオピア人によって作成された文献資料を見てみよう。どういうわけかアクスムの歴史を研究する学者が全く目を向けてこなかったこの文献は、1920年代初頭、当時摂政の地位にあったラス・タファリ・マコネン[1]（後の皇帝ハイレセラシエ1世）が編纂させたエチオピアの歴代王の年代記である。この年代記が作成された経緯は興味深

1　訳注：ラス・タファリ・マコネンは、近代国家としてのエチオピアを形成した皇帝メネリク2世（在位1889-1913年）のいとこにあたるラス・マコネンの息子であり、女王ザウディトゥ（在位1916-30年）の治世下で摂政をつとめ、1930年に皇帝ハイレセラシエ1世として即位した（在位1930-74年）。

い。エチオピア／アビシニアの歴史に関する数多くの著作を残した
チャールズ・レイ[2]が、ラス・タファリに対して、包括的な王の年代記
の提供を求めたのである。それは、レイが数々の文献を渉猟したなかで、
エチオピア歴代王のリストで随所に齟齬が見受けられたので、それを整
理したかったからである。ラス・タファリは、当時権威あるとされた
人々——歴史だけでなく宗教関連の書物の執筆や編集にあたっていた各
地の修道院の指導者——を集め、彼らに年代記の整理を依頼した。その
成果が、1927年に出版された、初の公式のエチオピア歴代王の年代記
であった（Rey 1927）。ここで重要なのは、王国がキリスト教を受容し
た時に誰が実権を握っていたのかということである。

> キリスト教の洗礼を受け福音の法を遵守した歴代王
> 1. アハイェワ（王妃名はソフィア。アブラハ・アツバハの母。
>   統治期間は7年間。）
> 2. アブラハ・アツバハ（一部母親と共に統治した。）327年に
>   ——2人の君主（母と息子）の統治開始から11年後——
>   アッバ・サラマ〔フルメンティウスの司祭名〕とアハイェ
>   ワ・ソフィア女王によってエチオピアに福音が導入された。
>   アハイェワ女王は洗礼を受け善良なキリスト教徒となった。
> （Rey 1927: 262）（本書付録1参照）

　この文献は、研究者からあまり注目されてこなかったが、そこでは確
かに、エチオピアの歴代王のなかで初めてキリスト教に改宗したのはア
ハイェワとなっている。だが、この年代記については疑問点もある。例
えば、これは古代史を構築する根拠としてどの程度利用価値があるのだ
ろうか。ここには、どれほどの新しい資料とイデオロギーが含まれてい
るのだろうか。このような疑問はあるが、キリスト教導入につながる出
来事に関していうと、ラス・タファリが編纂させたこの年代記は、あら
ゆる文書を比較・照合させた成果であるとみなしてよいであろう。現時
点でこの年代記は、エチオピアのキリスト教導入の歴史については、最
新かつ包括的な解釈を示したものであるといえる。

---

[2] 訳注：チャールズ・F・レイ（1877-1968年）は、イギリス人軍人・公務員であるとともに、旅行
家・企業家でもあった。レイは、皇帝ハイレセラシエ1世と近い関係にあったとされ、エチオ
ピアの「歴史、民族、文明」に関する数多くの論文や著作を公刊している（Rubinkowska 2010:
386-387）。

この年代記によると女王アハイェワ・ソフィアは、単独で7年間統治し、さらに息子と共に4年間統治した。まさにこの時期に、フルメンティウス——エチオピアの史料のなかでアッバ・サラマ・カサテブルハン（平和と啓蒙の父）と呼ばれるようになる——が、〔アレクサンドリアから〕戻ってきてアクスムの司教となり、20年ほど前から行っていた王家の改宗と洗礼を公式に行うようになったのである。

　アクスムからアレクサンドリアに行く前にもフルメンティウスは周りの人々をキリスト教に改宗させている。これについてアエデシウスも証言している。アクスムの王室とフルメンティウスの関係を考えると、王族——（ルフィヌスによると）女王と息子、もしくは（エチオピア側の史料によると）女王と双子の息子たち——もまた、キリスト教に改宗した可能性が高い。アレクサンドリアに赴いたフルメンティウスは、そこで総主教に返り咲いたアタナシウスに、エチオピアでの布教活動について報告した。そこでアタナシウスはフルメンティウスを司教に叙任し、フルメンティウスは330年（ユリウス暦）もしくは337／338年（グレゴリオ暦）にアクスムに戻った。

史料の信憑性

　エチオピア側の史料は信用できると断言はできないが、いくつかの重要な点について驚くほど精確である。それが精確であることを最も説得力をもって示しているのが、エチオピアへのキリスト教の導入に関する点である。エチオピア人／アクスム王国の人々が当時の記録をどのようにしたためたのかについてはわからない。というのも現存している文書の記録は13世紀以降のものであるからだ。ルフィヌスが伝える話はかなり大雑把である。はっきりしているのは、330年頃に総主教アタナシウスによってフルメンティウスが司教に叙任されたことであり、これはほかの文書からも裏付けられており、恩寵の時代として知られる新しい暦に切り替わる転換点となっている。エチオピア側の史料では、寡婦となったアハイェワ王妃の存在について、もっと詳しく取り上げられている。

　歴代の王の年代記にはいくつもの異なる説が存在する。少なくとも17もの古文書に、歴代の王の年代記が記されている。ラス・タファリの命によって編纂された王の年代記は1920年代にチャールズ・レイの手に渡り、1927年に出版され、英語教育を受けたエチオピア人も参照

できるようになった。これは、数多く存在する王の年代記の集大成として、注目に価する貴重な文献である。それは当時のエチオピア正教会のエリート層の見解を代表するものであった。そこで特筆すべきは、アハイェワが、アクスム王国の統治者として、シバ〔エチオピアではサバ〕王国の神々への信仰を放棄し、キリスト教を導入したことが認められたことである。

　エチオピアは4世紀半ばまでには、キリスト教を受け入れていた。この国が2人の兄弟によって統治されていたことは、ローマ帝国の皇帝コンスタンティウス2世（在位337-361年）から送られた手紙からも確認できる。この手紙は、キリスト教が導入されて間もない350年頃に送られたものと思われる。そこには、ローマ皇帝がアクスムの王たち（エザナとサイザナ）に対して、フルメンティウスをエジプトに派遣し、そこでローマ皇帝から司教に叙任されたゲオルギオスから神学問答の試験を受けさせるように要請する内容がしたためられていた。

　史料を子細に見ていくと、フルメンティウスが生きていた時代に、アクスム王国で政治の実権を握っていた人物が女性であったことは明らかである。フルメンティウスは、長年エチオピアに滞在していた。フルメンティウスが女王を改宗させたという確かな記録はどこにもない。しかし、フルメンティウスがかなりの自由裁量権を行使できていたことを考えると、彼が最初に改宗に導いたのは、王室の内外にいた人物であったといえる。歴史学者セルゲウ・ハブレセラシエがその著書（Sergew 1972）のなかで挙げている史料には、フルメンティウスがアハイェワの子供（たち）を改宗させたと記されている。これが彼らの母親である女王アハイェワ・ソフィアの承認と同意がなければ、実現し得なかったことは間違いないだろう。

アクスム王国の民

　アクスムはエチオピア文明揺籃の地として語られることが多いが、アクスム王国の支配者たちは自身や国について言い表すのにエチオピアという言葉を4世紀半ばまで用いなかった。エチオピアという言葉は、ギリシア語で〈日焼けした人〉を意味し、そうした人々が住むエジプトからインド洋を挟んでインド亜大陸まで含めた土地を指す言葉として使われていた。そこで、アクスム王国の人々がなぜ、そしてどのように自分たちを表す言葉として「エチオピア」を用いるようになったのかを説明

することにしよう。私たちは、アクスム王国の人々がそれを4世紀半ばに石に印刻したのがはじまりであることはわかっている。アクスム王国の人々は、エチオピアという呼称の政治的意味合いについてよくわかっており、それを用いることで、この地域一帯の他の民族集団に対して優位な政治的アイデンティティを構築できると考えた。この点について、第2章で再び取り上げることにする。

アクスムについて信憑性の高い描写を行っている書物として最初期のものに紀元50年頃の『エリュトリア海案内記』がある。この本には、紅海やインド洋のアフリカ沿岸部（ソマリア北部まで）で交易が行われていた港がすべて記されている。それによると、アクスムはアドゥリス（マッサワから南に約40キロメートルに所在）の港から3日間旅したところにあった。

また、この書物によると、アクスムは王ゾスカレスの統治下にあり、王はギリシア語が堪能であった。前4世紀のアレクサンドロス大王がエジプトを支配した時から、紅海沿岸はギリシア語とギリシア文明の影響を受けてきた。アクスム初期の王が鋳造した貨幣や石碑といった考古学的遺物には、サバ〔シバ〕文字、ゲエズ文字に加えギリシア文字が印刻されていた。

アクスムは3世紀以降、南アラビア（主に現在のイエメン）の政治に深く関わるようになっていた。アクスムの人々や王は、シバ王国やギリシアと同じ神々を信奉していた。アクスムが信奉していたのはアスタル（ゼウスに相当）、ベヘル（ポセイドンに相当）、およびマハレム（アレスに相当）の三神であった。

これらのうち最も重要だったのは、戦いの神マハレム（アレス）であった。3世紀後半から6世紀まで、アクスムは紅海の両沿岸部〔アフリカ側のみならずアラビア半島南部も〕を支配下に置いていた。

1世紀から7世紀までの間、アクスム王国はアフリカの古代文明の一つであった。アクスムの方尖塔（オベリスク）は、一枚岩から建てられた古代建造物のなかで最大のものであった。アクスムは、当時世界で知られていたなかで二番目に大きな地域勢力を誇っていた。アクスムについては、3世紀にマニ教の始祖マニがその書物のなかで、ローマ、ペルシア、中国と並ぶ世界の四大勢力の一つに挙げている（Sergew 1972: 81-82）。当時、既知の世界を構成していたのは、ヨーロッパ、中東とアフリカであった。アフリカでは、アクスムより大きな勢力はローマ帝国しかなかった。

勢力の大小は、軍事的・経済的基準によってはかられた。アクスムが

当時の四大勢力の一つに数えられたのは、紅海の東側〔アラビア半島南部〕に軍事遠征を行い、金・銀・銅の貨幣を自前で鋳造していたからである。アクスムが紅海の東側に勢力を拡大していたのは、紅海交易の自由を確保するためであった。アクスムは3世紀末の四半世紀から7世紀半ばまで、紅海における自由な航行権を概ね——短期間の中断や小規模な反乱はあったものの——確保していた。400年以上もの間、アクスムの諸王は自分たちを南アラビアに栄えたシバとヒムヤルの王を自称していた。

　4世紀初頭のアクスムは、国際色豊かな社会を形成していた。アクスムの貨幣にはギリシア文字が書かれ、石碑には複数の文字（ギリシア文字、シバ文字とアクスムで用いられていたゲエズ文字）が印刻された。国際的なエチオピア研究において、ゲエズ文字はエチオピア文字とも呼ばれる（Bekerie 1997）。

　アクスムが国際色豊かであったことを最もよく示しているものに、キリスト教に改宗する前の王エザナに関する石碑があり、そこでは三つの言語が用いられている。このエザナ・ストーンは、今日でもアクスムを訪れると目にすることができる。ここには三種の文字で、ハレンの息子エザナの戦績が列記されているほか、極めて興味深い事柄が二つ書かれている。その一つは、エザナがキリスト教の神ではない神々を信奉していた点である。もう一つは、アクスム王国を、ギリシア文字ではエチオピアと呼んでいるのに、ゲエズ文字ではハバシャと呼んでいる点である。また、〔ロシアの歴史学者〕ユリ・コビシチャノフは、アクスムの人々が4世紀半ばにはエチオピア人として知られていたことを示す出来事があると述べている（Kobishchanov 1979: 72）。356年頃、ローマ帝国皇帝コンスタンティウス2世が、司祭テオフィロス・インドシウスを南アラビアとアクスムに派遣した。この司祭は、まずヒムヤルのシバ王国を訪れた後、「エチオピア人と呼ばれるアクスム人」の国へと足を延ばしたという。

　アクスムの人々は、国民国家づくりに起源神話と統治のイデオロギーが必要であることを認識していたようである。なぜアクスムの人々が自分たちのことをエチオピア人と呼ぶようになったのかについてはいくつかの説がある。そのうち最も妥当なものの一つに〔アメリカの社会学者〕ドナルド・レヴィン（Levine 2000）の説がある。レヴィンは、キリスト教が導入された方法とそれがアクスムの人々に直接与えた影響に注目している。彼によると、エチオピアに初めて伝来した聖書はギリシア語版のものであった。聖書では、アクスム王国の民に似た人民が住まう土地は一貫してエチオピア、つまり〈日焼けした人々の地〉と書かれてあっ

た。聖書がアクスムの人々の言語であったゲエズ語に翻訳された時、エチオピアという言葉は翻訳されずにそのまま用いられた。

　聖書には、エチオピアとエチオピア人について書かれた箇所はいくつもあるが、アクスムやアクスム王国の民についてはどこにも触れられていない。レヴィンによると、アクスムの支配者たちが、自分たちの国をエチオピア、自分たちをエチオピア人と呼び始めたという。このような積極的な自己認識は4世紀半ばに始まった。6世紀初めには、アクスム王国をエチオピアと結びつける見方は定着し、内面化されるようになった。そのような背景があったからこそ、レヴィンが魅惑あふれる叙事詩と言い表したマケダ（シバの女王）とその息子メネリクの物語が誕生したのである。そこでは、一貫してアクスムではなくエチオピアという呼称が用いられている。その時以来、聖書の一節「エチオピアはその手を神に向けて差し伸ばす」〔詩篇第68章〕は国のモットーともなったのである。シバの女王の物語の政治・文化・社会的意義については第2章で取り上げることにする。

　アクスム王国の民が文書記録に登場するのは紀元50年頃である。ムンローヘイによると、3世紀末までに、アクスムは半径3キロメートル圏内にある14の町や村の中心都市となっていた（Munro-Hay 1991: 42）。女王アハイェワがアクスムを統治していたのは、まさにこの発展期においてであった。アクスムの台頭は、インド洋交易に活発に参与するようになったことに由来する。2世紀以降、アクスムの交易商人たちはインドまで航海するようになり、地中海沿岸地域で需要の高かった商品を仕入れてくるようになっていた。アクスムは、サイの角、亀の甲羅、象牙などを輸出していた。アクスムと中国の間で交易が行われていたかどうかは推測の域を出ないが、3世紀におけるアクスムとインドの間の交易はさかんに行われていた。

女王アハイェワ、家父長制とキリスト教

　アハイェワは、摂政と女王として大きな権力を握っていた。不思議なのは、家父長制的な文化が支配的であり、権力保持者が伝統的に男性であったなかで、彼女がその権力をどのように保持できたのか、という点である。王の座を奪取しようとする男性は、王家であろうとなかろうと、いくらでもいたはずだからである。

　アハイェワが権力を保持できたのは、彼女が鋭い洞察力と高潔さを備

えた人物であったからであるといえる。家父長制の枠組みのなかで権力を行使するには、家父長制の中核的価値観を受け入れる必要があった。アハイェワは、アクスム王国が打ち立てた家父長制的な土台を支持したに違いない。

　王である夫の死後、女王がフルメンティウスに王国の差配を任せたのは、賢明な措置であった。フルメンティウスは異国人だったので王座を要求することはなく、またすでに彼の統治能力と賢明さは証明済みであった。男性と手を組むことによって、アハイェワは、アクスムの家父長制の原理（イデオロギーや宗教）に従っていることを示したのである。

　アクスム周辺の一般民衆の間に南アラビア／ギリシアの神々に対する信仰がどれほど広まっていたのかは定かではない。でもやはり女性が、兵士として戦争に参加していたことはまずあり得なかったであろうし、兵士にとって崇拝の対象であったアレス／マハレム（戦いの神）を女性たちが崇めていたわけでもなかったであろう。また、アクスム王国歴代の王たちが崇拝していた神々は、男女問わず一般民衆を惹きつけるものではなかったのではないか。女王アハイェワは、男性の神々が優位を占めるギリシアやシバ王国の宗教よりもキリスト教の方が、女性の役割について寛容な姿勢をとるとしてその長所を認めていたのではあるまいか。女王アハイェワの時代は、政治・社会・経済の側面において比較的安定していたため、アハイェワはフルメンティウスの支えもあって、支配階級からも一般民衆からも抵抗なく、キリスト教をアクスムの住民に広めることに成功したといえるだろう。

　とはいえ、アハイェワがキリスト教に惹きつけられた理由についてはっきりとしたことはわかっていない。もしかしたらフルメンティウスの性格が関係していたのかもしれない。またはアハイェワ自身の内面的な感情や信仰に要因があったのかもしれない。キリスト教が息子（たち）を魅了したからだったのかもしれない。キリスト教という新しい宗教は、彼女の夫が信奉していた戦いの神々よりも、彼女にとって魅力あるものであったのかもしれない。アハイェワが自らの権力を行使して、既存の国家宗教よりも新しい宗教を奨励したことは間違いないだろう。これは特段異例なこととはいえない。支配者というものは、変革に伴う代償が払える範囲内であるならば新しい事柄を導入するものだ。アハイェワが、国に新しい宗教を導入した最初のエチオピアの支配者ではない。ともかく、アハイェワの試みが極めてうまくいったことは確かである。

　アクスムにおけるキリスト教の導入は、ローマ帝国におけるそれより

も格段に順調であった。女王の存命期間中、アクスムは前キリスト教社会からキリスト教社会へと移行した。

〔カトリックの司祭であるとともにアフリカのキリスト教の歴史の専門家でもある〕エイドリアン・ヘイスティングズ（1997）によると、宗教改革以前のキリスト教は完全に家父長制的であったとはいえない。彼はそのことを示す事実として、カトリックや正教会における聖母マリアの役割の重要性を挙げている。エチオピアでは息子であるイエス・キリストよりも聖母マリアを尊崇する傾向がある。例えば、エチオピアのキリスト教世界において最も重要な教会といえば、〔アクスムにある〕シオン聖母マリア教会である。だがジェンダー格差に及ぼした影響については議論の余地がある。というのも男性優位については、プロテスタントの社会よりもカトリックや正教会の諸社会の方が深く根付いているからだ。

一方、神のもとでの万民の平等と平和主義を唱導するキリスト教の教えは一般民衆に広く受け入れられた。確かに男性の神を万能の神とするのは家父長制的なイデオロギーに則っていたものの、それは軍事国家やそのギリシア・シバ王国の神々のイデオロギーとは明らかに異なるものと認識されていたに違いない。

もし仮にアハイェワが政治権力を掌握していなかったとしたら、フルメンティウスの身に何か起きていたかもしれず、またキリスト教が導入されなかったかもしれない。もちろん男性の王が権力を握っていたとしても、フルメンティウスによるキリスト教の導入は成功していたかもしれない。だが、フルメンティウスが新しい宗教を教え広めるための条件を創り出した人物がアハイェワであったことは間違いないだろう。

アハイェワは自ら貨幣を鋳造したのだろうか

アクスム文明の最盛期は3世紀から6世紀までの間とされている。そしてその絶頂期は、6世紀初めの四半世紀のカレブ王の治世であったといえるだろう。そして、おそらくマケダ（シバの女王）のソロモン王訪問に関する物語が書かれたのもこの頃である。これについては第2章で取り上げる。ここでは、アクスムが古代後期において軍事・交易面で一大勢力をなしていたと述べるにとどめる。

アクスムは、自前で貨幣を鋳造していた数少ない古代国家の一つであった。貨幣を鋳造していたということは、強大な経済的・政治的権力を有していた証であることは間違いない。アクスム王国はおよそ300年

以上もの間（270年頃から620年頃まで）、自国の貨幣を鋳造していた。最初期の貨幣は、3世紀末頃に遡る。ちょうどアハイェワが権力を握っていた頃だ。

　紅海沿岸域にはいくつかの貨幣体系があった。アクスム王国は、ローマ、ペルシア、インドから貨幣を輸入することもできたはずだが、自前で鋳造することで、平等な立場で国際的な取り引きに参入することができた。貨幣は、アクスム王国の遺跡のすべてから発掘されている。ムンローヘイによると、アクスムの貨幣はローマの貨幣を模して造られた。貨幣発行は、アクスム王国内だけでなく外国との取り引きの促進に大いに役立った。アクスム王国では、金・銀・銅の貨幣が用いられた。金の貨幣は外国との交易の際に、銀と銅の貨幣は現地の取り引きで用いられた。

　女王アハイェワの名前を印刻した貨幣は発見されていない。この事実から、アハイェワが女王として君臨していたのではないと主張することもできる。だが、ムンローヘイが作成した年代記は、異なる方法で解釈する余地を残している。最古の貨幣は270年頃に鋳造されたものである。〔最初に国産の貨幣を鋳造した〕王エンデビスの貨幣は、明らかに太陽と三日月が印刻されていた。次にまとまって発見されている貨幣は、4世紀前半から半ばにかけてのものであり、それはキリスト教に改宗する前のエザナ治世下のものとされている。一方、同じ頃、キリスト教を象徴する十字架が印刻され、王や女王の名前が記されていない銀貨幣が発掘されている。これはアクスム王国で初めて名前なしで造られた貨幣である。そして、この4世紀半ばの名前のない銀貨幣は、アクスムのキリスト教への改宗を宣言するものであり、それはアハイェワの治世下で発行されたものであった可能性が大きい。

　名前のない貨幣は、4世紀半ばから後半のものであり、キリスト教がアクスムに導入された時代にあたる。ムンローヘイは、これらの貨幣の精確な年代を明らかにすることはできなかった。そのため、これらの貨幣は、エザナが即位する前、すなわちアハイェワの治世下で発行されたものであった可能性がある。それはキリスト教の銀貨幣であり、国内で使用されていたものだ。そこには、アクスム王国の民衆に向けられたモットーが印刻されていた。そのモットーはギリシア語で「これが国を慶ばせますように」と書かれていた。ムンローヘイは、「これ」が貨幣の中央に印刻された十字架を指しており、政治・宗教的な宣言のようなものであったのではないかと解釈している（Munro-Hay 1991）。

エザナの前後のアクスムの王は、自らの名を印刻した貨幣を発行している。エザナは貨幣を自らの政治・イデオロギー的功績の銘として利用している。発行者の名を貨幣に記すのが慣例であったにもかかわらず、なぜキリスト教の象徴を印刻した貨幣には王の名はなかったのだろうか。もしかしたら、それは政治権力が男性に掌握されていたからかもしれない。家父長制的な軍事国家のもとでは、男性が権力を握っていたとしても不思議ではない。女性は、妻として政治的影響力を発揮した。アハイェワの場合、王の寡婦として、そして王位継承者の息子（たち）の摂政として権力を行使した。

　ルフィヌスの物語は、アクスム王国の女王が自らの息子——おそらくエザナ——の代わりに摂政として権力を行使していたことをはっきりと伝えている。ムンローヘイは年代についてははっきり記していないので、十字架と「これが国を慶ばせますように」というモットーが記された、王名のない銀貨が女王アハイェワによって発行されたもので、それはエザナ自身がキリスト教の銀貨を発行するよりも前であったという仮説を立てることはできる。王の名前が明記されていないのは、発行時に存命中の王が不在であったからなのである。

結　　論

　歴史は、人々の意識的な行為だけではなく、偶然や不慮の出来事によっても作られる。ここでは次のような仮説を立てることにしよう。エチオピアにキリスト教が導入されたのは、不慮の出来事が三つ、歴史の偶然が一つ起きた結果である。最初の不慮の出来事とは、王の死であり、それによって幼い王位継承者が遺されたことである。二つ目の出来事とは、王妃であり寡婦となったアハイェワが、強く賢く有能な女性であり、機を捉えてアクスム王国の宗教基盤を変えたことである。ルフィヌスも、エチオピア側の文献も共に、アハイェワが権力を握っていたと示している。さらに三つ目として、フルメンティウスとアエデシウスが、アハイェワの息子（たち）と同年代であったことである。若い王位継承者（たち）にとって、ローマ帝国の市民であったキリスト教徒と共に過ごした経験は刺激的なものであったに違いない。そして偶然であったのは、フルメンティウスが到来したちょうどその当時、寡婦となった王妃が幼い子供たちの摂政として国を統治していたことである。

　フルメンティウスの到来は偶然ではあったが、キリスト教を受容する

という決断は意識的な選択であった。南アラビア／ギリシアが崇めていた天・海・戦いの神々は一般民衆にとっても、女性たちにとっても魅力的とはいえなかった。だが、このほかにもキリスト教の導入を促した要素はあり得る。例えば、4世紀の最初の30年間が比較的平和で安定していたことがその一つである。もちろんここに確たる証拠があるわけではない。ただ、詳細な研究を行っているコビシチャノフ（Kobishchanov 1979）、ムンローヘイ（Munro-Hay 1991）、そしてフィリプソン（Phillipson 1998, 2009）も、4世紀の最初の数十年間についてはあまり注目していない。だが、シバ王国／ギリシアの神々への崇拝から、万民の主である神とその子であるイエス・キリストへの信仰に、迅速かつ抵抗なく移行した事実から、私たちは4世紀の最初の30年間が比較的平和で安定していたと推測することができるのである。仮に戦争が絶え間なく起きていたとしたら、既存の神々への信仰を繰り返し宣言しなければならなかったであろう。4世紀の最初の30年間が比較的平和であったからこそ、女王アハイェワはフルメンティウスの説得をすんなりと受け入れ、フルメンティウスは布教活動を続けることができたのではないだろうか。

エチオピアへのキリスト教の導入が意義深いのは、それがキリスト教発祥以降の地理的広がりに従っていなかったという点である。アフリカにおいて、キリスト教の広がりの起点はアレクサンドリアであった。そこから、マグレブ（北西アフリカ）、続いてヌビア（北スーダン）に伝わった。紅海（エチオピアとの関連からするとイエメン）は、キリスト教拡大のルートとして用いられていなかった。というのも、この地域のキリスト教徒の共同体は、常にユダヤ教の王国からの脅威に晒されていたからだ。もしフルメンティウスが偶然エチオピアにやって来なかったなら、北アフリカからキリスト教宣教師たちがアクスムまでやって来るのにあと数世紀は待たねばならなかったであろう。ヌビアは6世紀にキリスト教を受け入れた。キリスト教伝来のルートがエジプトからであったとしたら、キリスト教がエチオピアに伝来するのは6世紀末となっていただろう。それに、急速に広がりをみせていたイスラームもナイル渓谷沿いにキリスト教が拡大するのを阻んでいたことであろう。だが、イスラームが拡大し始めていた頃、エチオピアはすでに300年間もキリスト教の国となっていた。これが可能となったのは、ちょうどよい時にアクスムに女性の統治者が現れ、王国内でキリスト教を広める恰好な地位に就いていたからである。

エチオピアと南アラビア

> 南アラビアがアフリカの文化に与えた影響が最も大きく、長続きしたものに言語と文字がある。古代南アラビアの言語の文字を古代エチオピア（ゲエズ）文字と比較すると、この事実が実証される。ほとんど例外なく、エチオピア文字は南アラビア文字に起源がある。（Uhlig 1993: 57）

　1990年代初めに〔ドイツの言語学者〕シーグベルト・ウーリヒ教授が著した論文からのこの引用は、極端なものでも例外的なものでもない。ここには、西洋の研究において、エチオピア文明が南アラビア文明の延長であるとみなす長い伝統があったことが如実に表れている。こうした考え方は、それを覆すような証拠が次々と提示されてきているにもかかわらず、いまだに深く根付いている。

　新たに提示された証拠には二種類ある。一つは、二つの言語集団の移住の流れに関するもので、二つ目は、エチオピアにおける南アラビア語の影響に関するものである。

　原セム系言語話者の最初の移住は、エチオピア北部高地から南アラビアへ行われた。アフロアジア語族は五つに分かれている。アフロアジア語族、なかでもセム系言語の起源地はエチオピアにある。紅海を挟んで両側で用いられているのは、セム系言語（最も知られているものに、ヘブライ語、アラビア語、ゲエズ語、アムハラ語、ティグライ語がある）だけであり、これはアフリカとアジアをつなぐ存在となっている。アラビア半島南部、シリア、パレスチナ、イスラエルで主に用いられている言語は紀元数千年前のエチオピアに起源がある。エチオピア高地では、原セム系言語も後期セム系言語も用いられてきた。アフロアジア語族、とりわけセム系言語の起源がエチオピアにあるという新しい考え方は、最初にグローヴァー・ハドソン（Hudson 1977）によって示され、後にクリストファー・エーレト（Ehret 2010）によって実証された。

　この言語集団の第二の移動は、前8世紀から前5世紀までに南アラビアからエチオピアへと行われた。この説はフランスの考古学者ジャックリンヌ・ピレンヌによって展開された（Munro-Hay 1991: 65）。

　以下に、エチオピアと南アラビアの間の言語学的関係を簡単に年代順に整理した。

①約1万5千年前、原セム系集団がエチオピア北部から南アラビアと中東へ移住した。そこで誕生したのが、ヘブライ語、古代シリア語、アラビア語である。

②原セム系言語と後期セム系言語は、エチオピア高地でずっと用いられてきた。

③前800年から前500年までの間に、シバ王国のセム系言語集団が南アラビアからエチオピア北部に初めて移住した。

④ティグライ語とアムハラ語はかつてゲエズ語に起源があると信じられてきたが、直接的な関係をたどることはできない。この三つは、同時期に併存していたセム系の異なる言語である。

⑤前400年から前300年までの間に、シバ王国の民がエチオピア北部からイエメンに移住した。

⑥前300年以降、移住の方向は、エチオピア北部から南アラビアへであった。

　シバ王国の人々は、まずエチオピア北部で完成させた文字の技法と建築の技術を、エチオピアから〔南アラビアへ〕もたらした。前3世紀以降は、イエメンからエチオピア北部へ移住が行われたとする記録は存在しない。ピレンヌは、あくまで移住は、イエメンからアクスムへではなく、アクスムからイエメンへ行われたと主張している。

　ピレンヌの見解を紹介してくれたムンローヘイに感謝したい。

　シバ王国の民は、南アラビアからエチオピアに文字の技術をもたらしたかもしれないが、グローヴァー・ハドソン（Hudson 1977）、ジーン・レクラント（Leclant 1970）、アイエレ・ベケリエ（Bekerie 1997）らは、初期ゲエズ文字の印刻は南アラビアの印刻と同じくらい古い時代のものであることを明らかにしている。したがって、ゲエズ文字の起源は南アラビアであるとはいえない。

エチオピア歴代王の公式リスト最終版

　このリストは1922年、歴史学者チャールズ・F・レイの求めに応じて、当時摂政であったラス・タファリ・マコネン（後の皇帝ハイレセラシエ1世）の指示のもとで、作成されたものである。そこには次のような内容のカバー・レターが添付されていた。

　　このリストが尊敬する我が友レイ氏のもとに届きますように。
　貴殿から依頼があったエチオピア歴代王のリストのコピーを同封したので、お納めください。
　　これらのリストの続きをお望みであれば、作成しましょう。
　アビシニアの歴史について質問して下さり、嬉しく思います。
　貴殿の考えが来たる将来実を結ぶように願っております。

〔エチオピア暦〕1914年セネ月11日（西暦1922年6月19日）、
アディスアベバにて。

ラス・タファリの印

（Rey 1927: 262）

キリスト教の洗礼を受け福音の法を遵守した歴代王

	王の名前	統治年数	世界創造紀元	紀元後[*]
1	アハイェワ（王妃名ソフィア。アブラハ・アツバハの母。）	7年		
2	アブラハ・アツバハ（一部母親と共に統治した。）327年に──2人の君主（母と息子）の統治開始から11年後──アッバ・サラマ〔フルメンティウスの司祭名〕とアハイェワ・ソフィア女王によってエチオピアに福音が導入された。アハイェワ女王は洗礼を受け善良なキリスト教徒となった。	26年	5832	332
3	アツバハ	12年	5844	344
4	アスファダルズ	7年	5851	351
5	サハレ	14年	5865	365
6	アルフェド・ゲブレマスカル	4年	5869	369
7	アドハナ1世（女王）	5年	5874	374
8	リティ	1年	5875	375
9	アスファ2世	1年	5876	376
10	アツバハ2世	5年	5881	381
11	アメイ	15年	5896	396
12	アブラハ2世	7か月	―	―
13	イラッサハル	2か月	―	―
14	エラガバズ1世	2年	5898	398
15	スハル	4年	5902	402
16	アブラハ3世	10年	5912	412
17	アドハナ2世（女王）	6年	5918	418
18	ヨアブ	10年	5928	428
19	ツァハム1世	2年	5930	430
20	アメイ2世	1年	5931	431
21	サハレ・アハゾブ	2年	5933	433
22	ツァバハ・マハナ・クリストス	3年	5936	436
23	ツァハム2世	2年	5938	438
24	エラガバズ2世	6年	5944	444
25	アガビ	1年	5945	445
26	レヴィ	2年	5947	447
27	アメダ3世	3年	5950	450
28	アルマ・ダウィト	14年	5964	464
29	アムスィ	5年	5969	469
30	サライバ	9年	5978	478
31	アラメダ	8年	5986	486
32	パゼナ・エザナ	7年	5993	493

[*] 訳者注：この欄は、統治開始年であると思われるが、統治年数との不一致が見られる。原文が依拠しているRey（1927）にも、「矛盾がある」と注釈がついているので、このまま掲載した。ただし、統治開始年を1代ずつ後方にずらすと、統治年数とのずれは解消する。つまり、アブラハ・アツバハの統治開始年を「332年」ではなく、「306年」にする、といった具合である。そうなると、アブラハ・アツバハの統治期間は「306～332年」となり、「キリスト教に改宗した」とされる「327年」もその統治期間内におさまる。

参考文献

Bekerie Ayele
1997 *Ethiopic, An African Writing System: Its History and Principles*, Lawrenceville: Red Sea Press.

Ehret, Christopher
2002 *The Civilizations of Africa: A History to 1800*, Charlottesville: University of Virginia Press.
2010 *History and the Testimony of Language*, Berkeley: University of California Press.

Hastings, Adrian
1997 *The Construction of Nationhood: Ethnicity, Religion and Nationalism*, Cambridge: Cambridge University Press.

Hudson, Grover
1977 "Language Classification and the Semitic Prehistory of Ethiopia," *Folia Orientalia* 18: 120-166.

Kobishchanov, Yuri
1979 *Axum*, University Park: Pennsylvania State University Press.

Leclant, Jean
1970 "The Archaeology of Ethiopian Ancient History," in Georg Gerster (ed., translated by Richard Hosking), *Churches in Rock: Early Christian Art in Ethiopia*, pp. 29-35, London: Phaidon Press.

Levine, Donald N.
2000 *Greater Ethiopia: The Evolution of a Multiethnic Society*, Chicago: University of Chicago Press.

Munro-Hay, Stuart
1991 *Aksum: An African Civilisation of Late Antiquity*, Edinburgh: Edinburgh University Press.

Phillipson, David
1998 *Ancient Ethiopia, Aksum: Its Antecedents and Successors*, London: British Museum Press.
2009 *Ancient Churches of Ethiopia*, New Haven: Yale University Press.

Rey, C. F.
1927 *In the Country of the Blue Nile*, London: Duckworth.

Sergew Hable Selassie
1972 *Ancient and Medieval Ethiopian History to 1270*, Addis Ababa: United Printers.

Tekle Tsadik Mekuria
1968 *Ethiopian History: From Aksum to Zagwe*, Addis Ababa: Ministry of Education (in Amharic).

Uhlig, Siegbert
1993 "Ethiopian manuscripts and Paleography", in Roderick Grierson (ed), *African Zion: the sacred art of Ethiopia*, New Haven: Yale University Press, pp. 57-67.

訳者注・参考文献

Rubinkowska, Hanna
2010 "Rey, Charles Fernand," in *Encyclopaedia Aethiopica* vol. 4, pp. 386-387.

第 2 章

マケダ（シバの女王）

——エチオピア国民国家の建設

古代のローマ、エジプト、ギリシアのような国家の神話上の創設者はみな男性であった。だが、エチオピアでは、女王アハイェワはじめ女性たちが政治史において重要な役割を果たした。エチオピアは、国家形成に秀逸な女性たちが関わっている唯一の国である。〔紀元前10世紀の〕マケダは、「シバの女王」の名で知られ、エチオピアの国民国家の神話上の祖とされる。エチオピアの歴史と文化について論じるにあたり、この女性が果たした役割に言及することは欠かせない。

> 歴史上、聖書によって自己意識を形成した人々がいるとするならば、それはエチオピア人である。エチオピア人は、中世初期の起源神話を有しており、それは『諸王の栄光（ケブレ・ナガスト）』に記されている。そこには、ソロモンの息子メネリク1世がモーゼの十戒をおさめた聖櫃をイェルサレムからエチオピアへ持ち去り、エチオピアをイスラエル国として再建しようとしていたことが記されている。これはおそらく6世紀にまで遡ることのできる神話である。(Hastings 1997: 150)

エイドリアン・ヘイスティングズは、それまでナショナリズムの起源について論じてきたアンソニー・スミス、アーネスト・ゲルナー、エリック・ホブズボウム、ベネディクト・アンダーソンなど歴史学者が展開してきた支配的な見解に異議を申し立てた。ヘイスティングズによると、グレイト・ブリテンに国民国家が誕生する11世紀の500年以上前に、エチオピアで国民国家が生まれていたと指摘している。ただここで留意すべきなのは、エチオピア国民国家の設立者がメネリク1世ではなく、その母マケダであったということだ。女王マケダは、息子メネリク1世に権力を移譲することによって、彼をエチオピアにおける初代の〔男〕王にしたのである。

したがって、エチオピアの歴史における伝説上のマケダ（シバの女王）の重要性は、アフリカにおいて単性論派キリスト教が優勢であったことを通して国民概念を創出しようとするエチオピアの取り組みと密接に関連していた。そこでは、マケダのソロモン朝とのつながりや、イェルサレムからエチオピアのアクスムへの聖櫃の移転が利用されているのである。

マケダ（シバの女王）の伝説

　この伝説の内容自体はかなりわかりやすい。歴史的事実に基づいている部分もあるが、6世紀にエチオピア国民概念の発展に宗教的・政治的に重要な女性としてマケダを登場させた経緯には複雑な事情がある。それを明らかにするためには聖書を含むさまざまな文献を参照しながら、当時のエチオピアの歴史や政治の舞台で起きた出来事をふり返ってみる必要がある。さらに重要な点として、本章では、これまでの通説と異なり、『諸王の栄光（ケブレ・ナガスト）』（国王の歴史を記録したエチオピアの文書）は14世紀ではなく、6世紀に制作されたと論じることにする。『諸王の栄光』は、マケダ（シバの女王）をエチオピアにおけるナショナリズムの中心に位置付けた。このナショナリズムは、今日でもエチオピアの文化に根付いている。

　6世紀前半はエチオピアと中東の歴史のなかでとても重要な時代だった。当時のキリスト教世界は、ローマ・カトリックの教義を擁護するビザンツ帝国と、単性論派の教義を擁護するエチオピアとの間で、神学上の対立があった。その時代のほとんどにおいて、エチオピアとビザンツ帝国は対立していたが、南アラビアのキリスト教徒の共同体を支援するという点では一致していた。南アラビアのキリスト教徒共同体の一部はエチオピアのアクスム王国の政治的・経済的支配下にあった。

　519年に南アラビアのヒムヤル王国のユダヤ教徒の王ユースフ・アスアル・ズー・ヌワースがペルシアの援軍を得て王都ザファールのキリスト教徒を虐殺した。ザファールと南アラビアの他の地域のキリスト教徒たちが、紅海を挟んだ対岸のアクスム王国のキリスト教徒の王カレブに援軍を要請すると、彼はすぐに遠征隊を派遣した。遠征隊はヒムヤル王国を破ったが、その勝利は長続きしなかった。なぜなら、524年にズー・ヌワースは要衝の地ナジュラーン〔現在サウジアラビアとイエメンの国境付近に位置する古都〕を占領しユダヤ教への改宗を拒んだキリスト教徒を虐殺したからである。525年にカレブは虐殺を遂行した人々を再度攻撃し、ついに王ズー・ヌワースをも殺害し、この地域にキリスト教の支配を復活させた。ナジュラーンの大虐殺については、ベス・アルシャム

1　訳注：ベス・アルシャムのシメオン（シェムウン）は、6世紀のペルシア人キリスト教司祭である。ベス・アルシャムは、セレウキア・クテシフォン（現バグダードの南）付近にあった場所で、シメオンの出身地とされる。両性論やネストリウス派批判を行うなどキリスト教の異端論争を展開し、その書簡のなかに6世紀初めのナジュラーンでのキリスト教徒虐殺に関するものがある（https://gedsh.bethmardutho.org/Shemun-of-Beth-Arsham、2022年12月19日アクセス）。

の司祭シメオン[1]の書簡を通じて、コンスタンチノープルはじめキリスト教世界各地に広く知れ渡った。カレブは南アラビアにキリスト教信仰を復活させた結果、カトリック教会と正教会の双方から聖人として扱われるようになった。

　ナジュラーンでの虐殺とカレブの軍事作戦の成功によって三つの文書が作成された。その一つがシメオンの手紙（前述）であり、二つ目が聖アレサスに関するギリシア語の聖人伝である。聖アレサスは、6世紀初期のナジュラーンのキリスト教徒共同体の指導者であり、ズー・ヌワースによるキリスト教徒迫害の際に処刑された人物である。そして三つ目が『ヒムヤル王統記』である（これもベス・アルシャムの司祭シメオンによって書かれている）。

　『ヒムヤル王統記』はナジュラーンの殉教者を称えて書かれた歴史記録である。これは525年のヒムヤル王国のエチオピアとの戦争が終わってまもなく編纂された。そこでは、キリスト教徒たちがどのように虐殺されたのか、そしてキリスト教徒たちの苦境を救うために神がいかにして公明正大で信心深い王カレブを派遣したのかということが書かれている。『ヒムヤル王統記』は未完成ではあるが、その記述から、出来事の年代や王カレブが果たした役割を再構築し、当時の南アラビアの政治・宗教の動向を明らかにすることができる。

南アラビアへのアクスム王国の介入

　王カレブは、宗教的に重要な意義のある行動をとったことにより、カトリック教会と正教会の双方から聖人と認定された唯一の王となった。政治的には、4世紀、アクスム王国は、自分たちをいくつかの民族集団の集合体というより一国民（ネーション）とみなすようになっていた。6世紀初め、エチオピア北部の政治情勢は安定していた。王朝が確立するとともに、ローマ、そしてビザンツ帝国との間で外交関係が築き上げられた。

　このような背景からすると、6世紀に書かれた『ヒムヤル王統記』が同じ頃に書かれた『諸王の栄光』に影響を与えたことは十分にあり得る。『諸王の栄光』は、エチオピアの国民的・宗教的な感情を具体的に表現し、アクスムひいてはエチオピアがアフリカを代表するキリスト教王国であることを示そうとするものであった。

　二つの文書には、カレブが軍事上果たした役割や単性論派キリスト教

の擁護者としてのエチオピアの役割に関する記述があるなど数多くの類似点があるが、相違点もある。『諸王の栄光』の主眼は、諸王の偉大さがどこにあるのかという点に置かれている。その序章で、諸王の偉大さが二点から成り立っていると述べられている。その一つが聖櫃という神聖な象徴を所有している点であり、もう一つは神と契約を交わした者と系譜的につながっている点である。『諸王の栄光』の主題は、エチオピアの王たちがどのようにイスラエルの王ソロモンと王ダビデに系譜を遡ることができるようになったのか、彼ら〔エチオピアの王たち〕がどのように契約の聖櫃を所有するようになり、神に選ばれた民としてユダヤ人に取って代わったのか、その経緯に関する物語である。

　エチオピア人にとって、マケダに関する物語は、政治イデオロギーの発展と関わりがある。言うなればそれは、シバの女王が1600年近く存続してきたエチオピア国民国家の礎をどのようにして築いたのかについて語る物語なのである。

神に選ばれた民

　アクスム王国では、6世紀初めまでには聖書がギリシア語からゲエズ語に翻訳されていた。旧約聖書は世界の中心にユダヤ人がいることを明確に伝えていた。そのため、アクスム王国の人々は、ユダヤ人が神に選ばれた民であり、ユダヤの人々が神に最も選好された家系であるダビデの血筋にあたる人々に導かれたことも十分承知していた。アクスム王国がエチオピアという言葉を自分たちのものとして使用し始めたのは4世紀頃である。しかしこの認識は、聖書がギリシア語からゲエズ語に翻訳されたことで一層強まったといえよう。彼らは聖書の詩篇68章32節にある「エチオピアはその手を神に向けて差し伸ばす」という一文を自分たちに直接向けられたメッセージであると受けとめた。詩篇68章32節によってアクスム王国はエチオピアに変化したということができよう。

　マケダとソロモンの出会いによってメネリクという息子が生まれ、エチオピアの王朝（ソロモン王朝）が創設された。成長するとメネリクは国家統治の方法を父ソロモンから教わる目的でイェルサレムまで足を運んだ。そこでメネリクは歓待された。宗教と国家統治について学んだ後、メネリクはエチオピアの王に指名され、イスラエルの12の部族の長男にあたる男たちと一緒にイスラエルを発つことを許された。その際、メネリクとアザリア（契約の聖櫃の管理人）は聖櫃を盗み出し、エチオピ

アにそれを持ち去ったのである。

　アクスムに戻ってきたメネリクを、母マケダは歓迎し、その功績を称えた。息子メネリクが、エチオピア高地に子孫をもたらす衛兵を伴い、契約の聖櫃を持ち帰り、エチオピア人が神に選ばれた民であることを証明したからである。母マケダは王座をメネリクに譲り、それ以降は男性の子孫だけが王位を継ぐことができると宣言した。

　それ以来、エチオピア王朝は王の系譜を〔イスラエルの王〕ソロモンまで遡らせ、それを王権神授説の根拠としてきた。エチオピア人の国に聖なる天堂シオンが存在していることについて『諸王の栄光』は次のように記している。「神は、イスラエルから拒まれ見捨てられた人々を受け入れたのだから。彼らから聖なる天堂シオンが奪われエチオピアに持ってこられたのだから」(Budge 1922: 148)。

　こうしてエチオピアは新しいイスラエルになった。さらに次のように述べられている。

　　　神は、神の天堂シオンの偉大さ、神の法を納めた聖櫃の存在
　　のために、地球上のどの王よりも大いなる栄光、恩寵、そして
　　威厳をエチオピアの王にもたらした。神が私たちに聖霊の素晴
　　らしき喜びを実現させ、神の怒りから私たちを遠ざけ、神の王
　　国を共有させてくださいますように。アーメン。(Budge 1922:
　　227)

　『諸王の栄光』においてマケダは「これまで彼女ほどの偉大な名誉と富を備える者はおらず、今後も出現しないであろう」(Budge 1922: 146)女王として描かれている。それはマケダが当時においてもその後の歴史においても注目すべき女性指導者であったことを表している。

　聖書（列王記Ⅰの10章1～10節、歴代誌Ⅱの9章1～9節）には、シバの女王が紀元前10世紀にイスラエルの王ソロモンを訪ねたことが書かれている。シバの女王がそもそも実在したかどうかについて異論はあるが、彼女のソロモン訪問の物語はキリストが誕生する数世紀前に書かれたことは確かである。シバの女王の本拠地は、南アラビアか、あるいは現在のエチオピア北部とエリトリアのいずれかであるといわれている。エチオピア北部の考古学的資料から、紀元前10世紀における当該地域の社会的、経済的な景観について明らかになっていることはほとんどない。また、女性が政治的、宗教的、儀礼的な力をふるっていた証拠があ

るのは紀元前5世紀以降である。したがって、シバの女王がエチオピア北部のどこかに首都を構えていたというのは、ほぼあり得ない。彼女の政治的な基盤はおそらく南アラビアにあったのではないだろうか。

　聖書とその普及は、エチオピアを含めた西半球（キリスト教世界）におけるナショナリズムのイデオロギーや国民国家構築の根本原理を理解する上で極めて重要である。シバの女王の物語は、さまざまな異説を生み出し世界各地で伝承されている。その物語はヨーロッパ含め数多くの文化に影響を与え、17〜18世紀における女性の役割の拡大にも貢献した。ソロモンとシバの女王の出会いは、聖書では、賢者であり強力な指導者である2人の人物の出会いとして描写されている。シバの女王は、権力と英知を備えた女性のモデルとなった。

　しかしながら、一般に引用されることが多いのは、ユダヤ教徒あるいはイスラーム教徒の間で伝えられているシバの女王の物語の異説であり、これらはエチオピア版のものと異なる。エチオピア人たちが『諸王の栄光』に記録したシバの女王とソロモンの物語では、女王は「エチオピア国民の高潔な女性祖先」と称えられている。それに対して、ユダヤ教徒およびイスラーム教徒が伝えるシバの女王の物語では、女王はかなり否定的に捉えられており、ソロモンと同程度の知恵の持ち主として描かれていない。シバの女王が当時最も賢く、聡明で強力な指導者の一人として描かれているのはエチオピア版の伝説においてだけである。エチオピア版では、ソロモン王ではなく、シバの女王の清純さや高潔さに主眼が置かれている。

　エチオピア人は、メネリクが契約の聖櫃を持ち帰ったこと、そして今でもそれが聖都アクスムに存在することを固く信じている。統治を正統化するもう一つの根拠は神聖な系譜だった。すでに10世紀には、エチオピアの諸王がソロモン王とシバの女王の子孫であるとする信念が人々の間で内面化されていた。その証拠に、ザグウェ王朝[2]が10世紀中頃に興った時、ダビデ（王ソロモン）とマケダ（シバの女王）の末裔ではないという理由から、人々は同王朝を承認しなかった。

　6世紀以降、エチオピアは統治に関するこれら二つの特性が内面化されていた。その第一に挙げられるのが聖なる紋章である。エチオピアは、

---

[2]　訳注：ザグウェ朝は、クシ系アガウの王朝である。アクスムから南東約200キロのところにあるアダファ（現アムハラ州北西ウォロ県で現在のラリベラの北にある）を首都とし、9〜10世紀半ばに滅んだとされるアクスム王国の後継王朝とされる。この権力の移譲に関しては、まだ明らかになっていない部分が多いが、ザグウェ朝は、アクスム王国のソロモン王朝（ソロモンとマケダの子孫）ではなく「聖なる戒律に反する」として正統性を認められていない。

地中海周辺と紅海周辺で勃興した文明のなかで、女性に権限を与えた数少ない文明を生み出した。伝説上の人物に過ぎなかったマケダがエチオピアの国民意識のなかで実在した人物に高められた背景には、（第1章で取り上げた）4世紀の女王アハイェワに関する歴史的事実があったからかもしれない。アクスムの考古学遺跡は、一部誤解もあるが、ほとんどがマケダと関連付けられている。また、『諸王の栄光』に記録された伝説は、エチオピアに旧約聖書の宗教が定着し、エチオピア正教会が覇権的な地位を獲得すると、深く内面化されるようになった。その結果、マケダは、三千年以上前に実在したかもしれない伝説上の人物ではなく、歴史的な指導者であったかのように語られるようになったのである。

　マケダは、メネリクの母、そしてエチオピアのソロモン朝の創設者として、彼女の息子よりもずっと重要であったともいえる。マケダは、1974年にソロモン王朝が倒されるまで、伝説上の人物としてではなく、歴史に実在した指導者、王朝の創設者として扱われてきた。1974年以降も、彼女の地位は変わらず確固たるものであり続けている。

『諸王の栄光（ケブレ・ナガスト）』はいつ書かれたのだろう

　現存している『諸王の栄光』は14世紀に翻訳されたものである。この古文書によると、アラビア語版は、ザグウェ朝のラリベラ王の治世期（1180〜1220年）に出回っていたコプト語版からの翻訳であった。この古文書の年代を定める最初の試みは19世紀後半に行われた。19世紀後半と20世紀初頭の学者によると、『諸王の栄光』は14世紀初頭のエチオピアの作品であり、その目的は13世紀末に権力を掌握したアムハラの王朝の正統性を高めることにあった。

　940年から1270年頃まで、エチオピアは系譜的には正統性を持たないとみなされたザグウェ朝によって支配されていた。ザグウェ朝の支配者たちは王ソロモンと女王マケダの家系に属していなかった。アクスム周辺の人々と密接な関係を持つアムハラという民族集団が、1270年に権力を掌握した時、彼らはエチオピア王国の正統な支配者としてすぐに認められた。1270年から1974年まで、エチオピアは〔イスラエルの王〕ダビデの家系に出自をたどると信じられていたソロモン朝によって統治された。最後の皇帝ハイレセラシエ1世は、シバの女王と王ソロモンから数えると、エチオピアの統治者としては225代目にあたる。

　『諸王の栄光』は、エチオピアという国の形成においてマケダが果たした役割について記した注目すべき文書である。これが14世紀の文書であったとしても、キリスト教世界における最初期の政治憲章であったことは間違いない。だが、『諸王の栄光』が14世紀初頭の作品であったかどうかについては異論がある。むしろ、『諸王の栄光』は6世紀に遡れる文書であるとみなす研究が蓄積されてきたのである。

　以下に、この点について検討を行っている最近の研究を紹介しよう。一つはイルファン・シャヒド（Shahid 1976）による先駆的な研究で、もう一つはデイビッド・ジョンソン（Johnson 1995）によるものである。

　シャヒドの議論は『諸王の栄光』にどのような状況と時代が映し出されているのかという点に向けられている。シャヒドによると、20世紀前半に『諸王の栄光』について論じた人々は、その後発見された資料に接することができなかったという。それらの資料は古代シリア語とギリシア語で書かれており、6世紀にエチオピアの王カレブがユダヤ教徒の攻勢に対しキリスト教徒を防衛するために行ったヒムヤル王国との戦争について取り上げている。シリア語による『ヒムヤル王統記』は、南ア

ラビアのナジュラーンでの虐殺の歴史について触れて、エチオピアの王朝、なかでも王カレブの功績を称える内容となっている。そこに記された、王カレブと彼の南アラビアでの軍事的な功績についての内容は、『諸王の栄光』で入手できる情報より多い。シャヒドによると、『諸王の栄光』が書かれたのは、王カレブがヒムヤル王国との戦争に勝利した525年以降の6世紀においてであり、イスラーム教徒によるパレスチナ・シリア・エジプト征服が行われた7世紀より前であったはずである、という。

　エチオピアの王カレブは、ビザンツ帝国の皇帝ユスティニアヌス1世から、ヒムヤル王国のユダヤ教徒の王ユースフ・ズー・ヌワースによるナジュラーンでのキリスト教徒に対する虐殺に対し報復するように求められた。王カレブは南アラビアに遠征隊を送り、ズー・ヌワースを屈服させ、地域全体におけるエチオピアのキリスト教徒の覇権を確固たるものとした。

　ここでシャヒドの議論を要約してみよう。『諸王の栄光』は14世紀ではなく6世紀の事実を反映している。もし『諸王の栄光』が14世紀の文書でアムハラ王朝の権力拡大を企図したものであったなら、イスラーム勢力とそれがアムハラ王国に対して及ぼした脅威について言及していたはずである。しかし、『諸王の栄光』は、その地域における14世紀の状況について何一つ触れていない。そして結論として、シャヒドは、〔もしこれが14世紀の文書であったとしたら〕キリスト教の擁護者であった〔ソロモン朝の王〕アムダツィオン（在位1314-44年）が、〔エチオピア南部の〕イスラーム教徒のスルターン諸国との戦いに勝利をおさめたことについて言及していない点は、大きな欠落に相当すると述べている。『諸王の栄光』は、6世紀にカレブが南アラビアのユダヤ教徒のヒムヤル王国に対して遠征隊を派遣しそれが勝利をおさめているところで終わっている。シャヒドは、カレブの勝利こそが『諸王の栄光』として知られる伝説を生み出す重要なきっかけとなったと論じているのである。したがって、『諸王の栄光』は、ヒムヤル王国とエチオピアの戦争が行われた6世紀の具体的な歴史情勢を反映している作品であるといえる。シバの女王とソロモンの物語の筋は、アクスムがキリスト教国になった4世紀に依拠している。6世紀に特有なのは、エチオピア王国が絶大な影響力を有していたということである。

　『諸王の栄光』は、ビザンツ帝国について多くの紙幅を割いて言及している。だが、14世紀、ビザンツ帝国はもはや帝国とみなすことがで

きないほど領土を喪失していた。『諸王の栄光』に描き出されているのは、4世紀から6世紀までのビザンツ帝国である。このことは、6世紀においてビザンツ帝国とエチオピアが二大政治勢力となっており、ユスティニアヌス1世とカレブの間に良好な関係が築かれていたことを考えると、うなずける。また王カレブが、カトリック教会（普遍教会）と正教会（単性論派）の双方から聖人と認定されている唯一の王であることも指摘しておこう。

　『諸王の栄光』は、反ユダヤ主義的な見方であふれており、これは愛憎相半ばする複雑な感情を表しているとされてきた。『諸王の栄光』が、一方でユダヤ教徒やイスラエルと直接つながりを求めようとし、他方でユダヤ教徒に敵対的な立場をとろうとするのはなぜだろうか。シャヒドによれば、この敵対的な見解は、ヒムヤル王国とエチオピアの戦争が起きた6世紀が、アクスム王国がユダヤ教化された南アラビアと敵対していた時代であったことを考えると納得がいくのである。反ユダヤ教徒の立場が意味をなしたのは14世紀ではなく、6世紀なのである。

　シャヒドは次のように結論付けている。「『諸王の栄光』は、後世に内容がかなり付け加えられているが、原文については、おそらく6世紀頃に構成されたのではなかろうか」(Shahid 1976: 138)。

　6世紀説をさらに裏付ける証拠として、シャヒドは古代シリア語で記された『偽メトディウスの予言書』（以下、『予言書』）におけるエチオピアへの言及箇所を挙げている。この『予言書』は7世紀後半にシリアの単性論者によって書かれた。その背景には、中東とエチオピア領南アラビアへのイスラーム教徒の侵攻がある。マルティネスは、この文書において、南アラビアのキリスト教徒を守ったとしてエチオピアが果たした重要な役割が記録されていると指摘する（Martinez 1990）。さらにこの文書において、世界がギリシア勢力とエチオピア勢力に分断され、最終的には前者が絶大な権力を有するようになったとしている。このように『予言書』の著者は、聖書の詩篇68章32節（"エチオピアはその手を神に向けて差し伸ばす"）を解釈し直し、エチオピアの王女クセスの子孫がエチオピア人ではなくギリシア人を指すとしている。マルティネスによると、エチオピア人はこの『予言書』のことを知っており、『諸王の栄光』はそれ以降に作成されたという考えを持っている。

　一方、ポール・アレクサンダーによる『予言書』分析は、興味深いことにマルティネスの分析とやや異なっている（Alexander 1985）。570年以降、エチオピアは南アラビアで保有していた領土を、最初はペルシア

勢力に、そして後にイスラーム教徒の勢力に奪われており、中東の単性論派キリスト教徒を守るほどの勢力を保持していなかった。アレクサンダーによると、この事実があったからこそ『予言書』の著者は詩篇68章32節を再解釈したのだという。アレクサンダーによると、『予言書』の著者は詩篇68章32節を誤って〔エチオピアの王女クセスの子孫をギリシア人と〕解釈したために同じ単性論者たちから批判を受けたのだという。というのも単性論者たちは、〔エチオピア人王女クセスの子孫は〕エチオピア人であると考えたからだ。

　7世紀における詩篇68章32節の再解釈は、『諸王の栄光』に見られる政治理論に対する挑戦であり、それは『諸王の栄光』が7世紀より前に既知の存在であったという事実を裏付けるものである、とシャヒドは説得力をもって論じる。

　その20年後、デイビッド・ジョンソンは、これまで研究者が検討してこなかった資料を用いて『諸王の栄光』の成立時期を再検討している（Johnson 1995）。ジョンソンが検討した資料のなかで最も重要なものの一つに、アラン・ハバードによる未公刊の論文があり（Hubbard 1956）、これは『諸王の栄光』の原典に関する研究である。そこでジョンソンは、完全にシャヒドの見解を支持し、次のように結論付けている。

　　…『諸王の栄光』のどの部分をとってみても6世紀前半までには書かれていたことが見てとれる。そしてアラブ人の征服より後の時代に書かれたと思われる箇所はほとんど見当たらない。（中略）イスラームへの言及は全くなく、（中略）シバの女王についての物語の中心部分は、ユダヤ教の律法学者の書物にもイスラームの書物にも依拠していない。（Johnson 1995: 206）

　ジョンソンは、『諸王の栄光』がアラブ人によるエジプトと中東の征服を受けて書かれたものであると主張しているマルティネスの解釈に反論している。それにマルティネス自身、なぜコプト教徒が「6世紀にエチオピアの王家を正統化する論理」（Johnson 1995: 207）について書く必要があったのかわかりかねると述べている。ジョンソンは、マルティネスの主張に対する反論として、マルティネスが挙げている他の文献と違って『諸王の栄光』はイスラームに言及していないと指摘し、『諸王の栄光』はエチオピア王家のために書かれたのではないかもしれないが、同王家のために翻訳されたものではあると論じる。ジョンソンは次のよ

うに述べている。「『諸王の栄光』は、南アラビアの殉教者たちの報復を行った単性論派キリスト教徒の英雄であるカレブへの賛辞〔称賛〕のようなものである」（Johnson 1995: 207）。

　しかしながら、ハバード（1956）が論じているように、『諸王の栄光』は主に三つの部分から構成されており、シバの女王とメネリクに関する中核部分は最初に書かれた。契約の聖櫃にまつわる伝承部分はエチオピア特有の伝承を表しているので、おそらく後世に付け加えられたものであろう。ジョンソンは、この伝承がかなり早い時代に近東の他地域の書き手の間に知られていたのではないかと指摘し、次のように問うている。

　　外交面でも宗教面でも明らかに協力関係があった諸民族の間に、なぜ文学の面で浸透不能な壁があったと想定する必要があるのだろうか。その想定では、文学の面での影響は常に一方向に流れていくものと思われている。（Johnson 1995: 203）

　近年、ステュアート・ムンローヘイも『諸王の栄光』の年代についての論争に加わっている。その主要な論点は、1314年の翻訳版が、それ以前の文書に基づいたものなのか、それとも 6 世紀のアクスム王国にその起源を求めるのかどうかという点にある。ムンローヘイは『諸王の栄光』が確かに14世紀の文書であるとしながらも、『諸王の栄光』がアクスム王国の統治者たちの願望を満たすために作られたとも推測している。彼の言葉を引用してみよう。

　　『諸王の栄光』は、アムハラのソロモン朝を正統化するために書かれたというよりも、南の王朝を排除することを究極的な目的としていた北の支配者たちの要望を満たすために書かれた。予言書の一節では、北部人であるアクスムの王が称賛されている。アクスムの支配者たちが、イスラーム教徒ではなくユダヤ教徒に取って代わって神の天堂シオンの王になろうとしていたのである。（Munro-Hay 2005: 66）

　ムンローヘイは、『諸王の栄光』がもっと古い文書を典拠にしており、私たちがそれをまだ知らないだけなのかもしれないという可能性を否定していない。実際、近年ピエルギ・ピオバネリは、14世紀の『諸王の栄光』にはもっと古い異話があってそれに基づいているという見解を示

している（Piovanelli 2013）。だが、『諸王の栄光』がアクスム王国の支配者を満足させるために創り出されたとするムンローヘイの主張から、シャヒドが明確に論じたように、14世紀に『諸王の栄光』を著した者たちが、集合的記憶から長く忘却されていた6世紀の世界についての知識を保持していたのではないかと思わせてくれる。『諸王の栄光』が説得力を持つのは、それが6世紀の政治的、社会的、宗教的状況に関するしっかりとした知識に基づいているからであるといえる。

　アクスムの人々が14世紀に『諸王の栄光』を編纂したとはいえないのは二つの理由によるとジョンソンは示している。第一の理由は、もしそれが14世紀に編纂されていたならば、その時代の政治的、社会的、宗教的な現実に基づいて記述がなされたはずであったからである。第二の理由は、信頼できる根拠となる典拠がないまま、6世紀に起きた事柄を記録することはできなかっただろうからである。

　『諸王の栄光』の編纂年代をめぐる論争は今後も続けられ、近年ムンローヘイによってなされたようにさらなる推論が提示されるだろう。『諸王の栄光』が14世紀の産物であるという説は、現存する『諸王の栄光』自体にこの文書が1314年にアラビア語から翻訳されたと記されているので、大いにあり得る。また『諸王の栄光』が、13世紀末にザグウェ朝から権力を奪取したアムハラの支配者に支配の正統性を付与するために編纂されたのだという主張も、『諸王の栄光』がそのように用いられたことから、大いにあり得る。しかし、ムンローヘイはもう一つひねりを加えている。彼によると、『諸王の栄光』は〔アクスムの人々が〕アムハラのソロモン朝の支配者を追放するという具体的な目的を持って編纂されたというのだ。もしそれが本当に『諸王の栄光』の課題であったとするなら、それは途方もない失敗であった。なぜなら、それはソロモン朝のアムハラの支配者によってまもなく政治憲章として採択されたからである。それに『諸王の栄光』の主な要素は10世紀半ば頃、すなわちザグウェ朝期にはすでに広く知られていた。

　最後に、『諸王の栄光』は元来どの言語で書かれたのだろうか。シャヒドの見解によると、『諸王の栄光』は初めコプト語で編纂された。というのも、アクスム王国初期の時代、コプト語はナイル川流域のキリスト教徒の主要な言語であったからであるという。「エジプトのコプト教徒たちは、他の単性論者と同じように、エチオピアの王国を自分たちの信仰の防波堤とみなしていた」（Shahid 1976: 143）と述べている。コプト語の書き手ならば、キリスト教徒保護のために南アラビア遠征を行っ

たカレブ統治下のエチオピアに格別の関心を抱いたとしても不思議ではない。

『諸王の栄光』が本来政治憲章であったことを考えると「エチオピアの王たちが自分たちの統治権を下支えする伝説を14世紀まで文書化せずに放置しておいたことはあり得ない」（Shahid 1976: 145）とシャヒドは述べている。シャヒドは、『諸王の栄光』がゲエズ語で編纂された可能性を排除していないものの、初めはコプト語で書かれた後、アラビア語に翻訳され、最終的に14世紀にゲエズ語に翻訳されたという。それに対して、デイビッド・ジョンソンは、『諸王の栄光』が、当該地域で10世紀まで主要な文字言語であったギリシア語で最初に編纂されたと主張している（Johnson 1995: 204）。

最初に『諸王の栄光』が書かれたのがゲエズ語によってではないという主張は、証拠がないからである。だが、証拠がないからといって、エチオピア人たちがゲエズ語でそれを最初に書き留めなかったとはいえない。証拠がないことは、そうではないことの証拠にはならない。シャヒドもジョンソンも、『諸王の栄光』が6世紀に書かれたと主張したのは、『ヒムヤル王統記』が発見されたからである。エチオピア人が『諸王の栄光』を著したかもしれないという推測は、エチオピアでゲエズ語が音声言語となり、聖書がゲエズ語に翻訳されるようになって以来、文書制作活動がさかんに行われるようになったことから成立する。『ヒムヤル王統記』にも記されているように、南アラビアのシバ王国、ヒムヤル王国、ライダン王国の支配者として定着したエチオピア人たちは、単性論派キリスト教徒の主要な守護者とみなされていたのである。

それゆえ、以下のような仮説を立てることができるだろう。『諸王の栄光』は最初にゲエズ語で記され、まもなくコプト語に翻訳された。ゲエズ語版のテキストは失われ、コプト語版は残存した。イスラームが興り外部世界から事実上遮断されたというエチオピアの歴史こそが、ゲエズ語の文書が失われてしまった遠因なのかもしれない。『諸王の栄光』に含まれる物語の主要な部分は容易に記憶することができるので、文書が失われたとしても気付かれなかったかもしれない。こうしたことは、過去においてはよくあることで、エチオピアには失われた文書が発見されたという例はいくつもある。よく知られた例に『エノク書』が挙げられる。この書物は、中東では失われていたが、18世紀に全巻がエチオピアで発見されている。『諸王の栄光』は、エチオピアで14世紀前半に新たな文書作成の復興の時代を迎えた時に注目を浴びるようになったのである。

参考文献

Alexander, Paul
1985 *The Byzantine Apocalyptic Tradition*, Berkeley: University of California Press.

Budge, E. A. Wallis
2012（1922） *The Queen of Sheba and Her Only Son Menyelek*, Charleston, SC.: CreateSpace.

Hastings, Adrian
1997 *The Construction of Nationhood: Ethnicity, Religion, and Nationalism*, Cambridge: Cambridge University Press.

Hubbard, David Allan
1956 "The Literary sources of the Kebra Nagast," Ph.D. dissertation, University of St. Andrews.

Johnson, David W.
1995 "Dating the Kebra Nagast: Another Look," in Timothy S. Miller and John Nesbitt (eds.), *Peace and War in Byzantium: Essays in Honor of George T. Dennis, S. J.*, pp. 197-208, Washington: The Catholic University of America Press.

Martinez, Francisco Javier
1990 "The King of Rūm and the King of Ethiopia in Medieval Apocalyptic Texts from Egypt," in Wlodzimierz Godlewski (ed), *Coptic Studies: Acts of the Third International Congress of Coptic Studies, Warsaw, 20-25 August 1984, Volume 3*, pp. 247-260, Warsaw: PWN Editions Scientifiques de Pologne.

Munro-Hay, Stuart
2005 *The Quest for the Ark of the Covenant: The True History of the Tablets of Moses*, London: I. B. Tauris.

Piovanelli, Pierluigi
2013 "The Apocryphal Legitimation of a 'Solomonic' Dynasty in the Kebra Nägäst—A Reappraisal," *Aethiopica* 16: 7-44.

Shahid, Irfan
1976 "The Kebra Nagast in the Light of Recent Research," *Le Muséon: Revue d'Études Orientales* 89: 133-178.

その他の参考文献

Belcher, Wendy
2009 "African Rewritings of the Jewish and Islamic Solomonic Tradition: The Triumph of the Queen of Sheba in the Ethiopian Fourteenth-Century Text Kebra Nägäst" in Roberta Sterman Sabbath (ed), *Sacred Tropes: Tanakh, New Testament, and Qur'an as Literature and Culture*, Leiden: Brill.

Getachew Haile
2009 "The Kəbrä Nägäst Revisited," *Oriens Christianus* 93: 127-34.

Moberg, Axel (trans. & ed.)
1924 (2012) *The Book of the Himyarites: Fragments of a Hitherto Unknown Syriac Work*, New Jersey: Gorgias Press.

Pritchard, James
1974 *Solomon and Sheba*, London: Phaidon Press.

Shahid, Irfan
1971 *The Martyrs of Najrân: New Documents*, Bruxells: Société des Bollandistes.

Ullendorff, Edward
1968 *Ethiopia and the Bible*, Oxford: Oxford University Press.

第 3 章

王妃エレニ

──キリスト教優位の存続

王ザラヤアコブ（在位1434-68年）の妃エレニ（1522年頃没）こそキリスト教王国にとって、東部のイスラーム教徒の勢力がオスマン帝国と手を組むことで脅威になり得ることを見越し、大航海時代が幕を開けたばかりのインド洋において一大キリスト教勢力として台頭していたポルトガルに援軍要請を行った、先見の明を備えた稀有な女性である。この要請にこたえて派遣されてきたポルトガル軍の援護によって、エチオピアのキリスト教王国は崩壊を免れたのである。

アクスム王国の衰退とイスラームの浸透

　7世紀末になると、エチオピアはもはや紅海沿岸地域における一大勢力ではなくなっていた。すでにエチオピアは、イエメンにおける支配権を失い、自国の貨幣の鋳造をやめていた。アフリカの紅海沿岸部にイスラームが拡大するにつれて、アクスム王国は衰退・孤立した。アクスム王国の孤立について、18世紀イギリスの歴史家エドワード・ギボンはその大著『ローマ帝国衰亡史』（第7巻）（Gibbon 1781〔ギボン 1996: 216〕）において、「エチオピア人は一千年近く世界を忘れ、世界から忘れられて眠り続けた」と述べている。

　しかし、エチオピアは完全に孤立したわけではなかった。初めてイェルサレムにエチオピア教会が設立されたのは12世紀末である。この注目すべき功績はエチオピアの外交努力の成果であった。エチオピアの高地から数千マイルも離れた〔イェルサレムに〕共同体を維持するには政治とイデオロギーの両面での関与が求められ、これはかなり安定した社会政治的な地盤がエチオピアに成立していたしるしでもあった。

　エチオピアはイスラーム発祥の地から距離的に遠く離れていなかったにもかかわらず、ダマスカスからもバグダードからもエチオピアを征服したり改宗させたりするための軍隊が派遣されることはなかった。8世紀のアラブの歴史家によると、預言者ムハンマドの身近な家族を含む最初期のイスラーム教徒の集団がメッカでの迫害を逃れてエチオピアに避難してきたのは615年のことであった。ムハンマドは、エチオピアにいる国王に対して信仰者たちを庇護するよう求めたという。そこは神が信仰者に救済をもたらした正義の国であった。こうして、エチオピアの王都アクスムにイスラーム教徒の避難民たちが到来した出来事は、エチオピアにおけるイスラームの始まりであったとされる。

　イスラームは世界に先駆けてアクスムで布教が開始された。しかしエ

チオピアはすでに 3 世紀以上も前からキリスト教国であり、イスラーム
は後から入ってきた。そのためイスラームはアビシニア高地の東側の少
数派の宗教にとどまった。アクスムは940年頃まで首都であり続けた。
エチオピアの年代記によると、850年頃〔伝説的女王〕ヨディト（グディト、
ジュディスとも呼ばれる）がアクスム王国を蹂躙し、滅ぼした。ヨディ
トは890年頃まで王国を支配した。

　イスラーム世界の出現によってそれより北のキリスト教世界から隔絶
されたアクスム王国は、ヨディトの軍勢にやぶれ、南東からザグウェの
攻勢を受けて滅んだ。

　ザグウェ王朝は、940年頃から1270年まで続いた。ザグウェ王朝の統
治期間については異説もある。いくつかの文献は、ザグウェ王朝期を
1137年頃から1270年までとしているが、その他は940年頃から1270年
までとしている。これらのうち後者の方が有力になってきている。〔世
界遺産に指定されているラリベラの教会群を建てるなど〕輝やかしい功績
を残した王朝であったにもかかわらず、アクスム王国を支持する者から
すると、ザグウェ王朝は統治者がソロモン王と女王マケダの子孫ではな
いため正統性に欠けるとみなされた。

　1270年はエチオピアの歴史のなかで分岐点に位置付けられる。ザグ
ウェ王朝は、女王マケダとその息子メネリクの血統を継ぐとともにアク
スム王国の末裔であると主張するアムハラの人々にやぶれた。アムハラ
はエチオピアの歴史にソロモン王朝を再興した。したがって13世紀か
ら振り返ると、エチオピアの歴史には三つの時代と二つの王朝があった。
一つ目の時代はアクスム王国、もしくは第一ソロモン王朝として知られ、
10世紀前半に終わりを迎えた。二つ目の時代はザグウェ王朝である。三
つ目の時代は1270年に始まった、復活もしくは第二ソロモン王朝とし
て知られる。ここに見られる政治的・イデオロギー的意味合いは明らか
である。ザグウェ王朝は正統性に欠けるとみなされ、アムハラの統治者
たちは自らをイスラエル人の末裔と位置付けたのである。

　10世紀後半になると、ヨーロッパでは、東方にキリスト教徒の王国
「プレスター・ジョンの国」があり、イスラーム勢力を打倒する十字軍
の呼びかけに応じるかもしれないという噂が広まった（Alvarez 1961）。
しかし、この「プレスター・ジョンの国」がエチオピアであるという伝
説が広まったのは、1306年にエチオピアの使節団がヨーロッパを訪れ
た後だった。おそらくイェルサレムでエチオピア人修道士に出会った
ヨーロッパの聖職者がそのような情報を広めたのだろう。15世紀末頃

のヨーロッパには、キリスト教の王国であるエチオピアとその場所について十分な知識が伝わっており、当時ヨーロッパで最強の海軍を保有していたポルトガルは、エチオピアを政治的・軍事的戦略の面で有益な同盟国となり得るとみなしていた。

　14世紀から16世紀のエチオピアにおいて、アビシニア高原西部にキリスト教徒の居住地域、そして高原の東部と南東部にイスラーム教徒の諸侯国があり、〔エチオピア北東から南部に貫く〕大地溝帯に沿って主要な交易ルートが走っていた。政治権力は高原西部のキリスト教徒の支配者が握っていた。エチオピアはキリスト教王国を自認し続けていたが、領土の半分近くに住むイスラーム教徒は、キリスト教王国に貢納することでその統治を甘んじて受け入れていた。

　しかし、そのキリスト教王国に対してアビシニア高原の東部のイスラーム教徒の諸侯国が抵抗し始めた。イスラーム教徒の諸侯国が戦闘を開始したのは、キリスト教王国の支配から独立するためであり、ひいてはエチオピアをイスラーム教徒の王国に変えるためであった。アムハラの王朝がキリスト教王国として生き残るためにはイスラーム拡大という脅威に対抗しなければならなかった。それとともに重要であったのは、交易ルートを支配下におさめ、そこから得られる利益を手に入れることであった。したがってこの戦争は、宗教戦争であったというより、むしろ国土支配のための政治的戦争であったと捉えるのが妥当である。宗教は人々を動員するためのイデオロギーとして用いられたに過ぎない。王妃エレニが重要な役割を果たしたのは、このような時代背景においてであった。

王妃エレニはどのような人物であったのか

　エレニは、エチオピアの南にあるイスラーム教徒の小王国ハディヤの王女として生まれた。1450年以降、まだ若い頃に、キリスト教王国の王ザアラヤアコブ（在位1434-68年）のもとに嫁ぎ、キリスト教に改宗した。これは政略結婚であった。エレニの宗教・政治顧問としての役割は、王バアダマリアム（在位1468-78年、ザアラヤアコブがエレニ以外の妻との間にもうけた息子）統治下で発揮された。エレニ自身に子はいなかった。エチオピアの史料によると、バアダマリアムは宗教や世俗の事情に通じたエレニの博識に感銘を受け、彼女を実母のごとく慕ったという。エレニは、エチオピア王国の数々の王のもとに仕えた。王ナオド（在位1494-

1508年）のもとでは王室顧問として仕え、王レブナデンゲル（在位1508-40年、ナオドの息子）が幼い頃は、その摂政をつとめ、拡大するイスラーム勢力との戦いを予見しポルトガルに援助を求めたのである。

　エチオピアの史料に伝えられる王妃エレニの揺るぎない信仰心はポルトガルの史料によっても裏付けられる。彼女は、エチオピア正教会で定められた断食の慣習を厳格に守り、夕方になるまで食事をひかえ、肉や乳製品を一切断ったとされる。また当時慣習とされていなかった聖体拝領を受けたり、神学的問題に関する書物を著したりしたとされている。彼女がエチオピアで果たした政治的役割は、代々の王に適切な助言を与えたことであった。1478年から1520年まで、王妃エレニはエチオピアで最も影響力のある政治指導者となっていた。

　エレニが1522年４月に逝去した時、エチオピアにポルトガル人使節団が滞在していた。彼女の死とその影響について使節団は以下のように記している。

　　　宮廷では王妃エレニの死について広く噂されている。彼らがいうには、彼女が亡くなったなら貴賤を問わずみな死んだも同然だろう。彼女が生きていた頃は、みな生きており守られていた。彼女はみなにとって父であり母であったからだ。

王妃エレニとポルトガル

　エレニの権力が絶頂期にあった1508年頃、エチオピアに２人のポルトガル人使節がやって来た。インド駐在のポルトガル人総督がエチオピアに派遣した男たちであった。使節は、ポルトガルがイスラーム教徒の勢力を打ち破るためにプレスター・ジョンの王国の援助を求めているとエレニに告げた。そして1510年、今度はエレニがポルトガルの王エマヌエル１世宛の書簡を託した使節団を派遣した。この使節団がポルトガルまでたどり着くのに少なくとも３年はかかった。

　ゲエズ語で書かれたエレニの書簡はアラビア語とペルシア語に訳されたが、ペルシア語訳の書簡のみがポルトガルに届いた。しかし、ゲエズ語の書簡の原本が見つかっておらず、1970年代初頭までペルシア語訳の書簡が本物であるかどうかも疑われていた。エレニが本当にポルトガルの王に書簡を送ったのかどうか確かな証拠はなかった。たとえポルトガルが、エレニの書簡の影響力によって、1520年に外交・軍事使節団

をエチオピアに派遣していたとしても、である。

　1970年代初頭、エチオピア南部のズワイ湖畔の修道院でそのゲエズ語の書簡の写しが発見された。1944年に出版された英語訳とこのゲエズ語の書簡を比較すると、書簡の内容とエレニが書簡を送った理由とがはっきりとわかる。ゲエズ語の書簡と英語訳は内容がほぼ一致していた。英語訳は簡約であったが、ゲエズ語の書簡は省略されていなかった。

　以下に書簡の全体を紹介しよう。そこから、エレニがいかに洗練された政治感覚を持っていたか、どのように16世紀初頭におけるエチオピアとポルトガルの関係を理解していたかを読み取ることができる。ゲエズ語からの英語訳は、エチオピア中世史を専門とする著名な研究者の一人であるセルゲウ・ハブレセラシエによるものである（Sergew 1974）。

　　エチオピアの王妃エレニからポルトガルの王ジョアン陛下に以下の書簡をお送りする。
　　父と子と聖霊、三位一体の神の御名において、ベツレヘムで聖母マリアの子として生まれたイエス・キリストの生、恩恵と祝福が、私のキリスト教徒同朋、エマヌエルの息子、　邪悪なるイスラーム教徒どもを服属させる海の勇者に、もたらされますように。神が貴殿の力を強め、敵を制圧する征服者としますように。私たちにとって救世主であるキリストの伝道者たちのとりなしを通し、神が貴殿の治世と統治を長びかせますように。この伝道者とは、その神聖さと祈りが優れているヨハネ、ルカ、マルコ、マタイの４人の福音伝道者であります。
　　親愛なる兄弟である貴殿にお伝えしたいことがあります。貴殿の臣民２人が私たちのもとに来訪しました。１人はジョアン・ベルムデスという司祭で、もう１人はジョアン・ゴメスという信徒です。彼らの到着後、私たちの方からも友人であるマタイを使節として派遣しました。彼は私たちの臣下にありアブネ・マルコス〔当時王妃エレニの側近として協力していたエチオピアの大司教〕の支配下にいる者です。アブネ・マルコスは、アレクサンドリア出身の司教で、私たちに祝福をもたらし、イェルサレムから司祭を送ってくださる人物です。彼は王国にいる全臣民の父であり、キリストと三位一体である神の信仰の支柱的存在です。
　　さて、私たちは家臣を使節団として、貴殿の臣下にして救世

主キリストの信仰の大義のために戦う貴国臣民の指導者に任ぜられたインド総督のもとに派遣いたしました。

　使節団を派遣した理由をお伝えいたします。私たちは、カイロの統治者が自国軍を貴殿のインド駐在の臣民に数度にわたり打破されたことに対する嫉妬のあまり、大規模な海戦の準備をしていると聞き及んでおりますので、貴殿の軍に食糧や武器を支援する用意があります。貴殿の軍が神の思し召しのもと、日々強くなりますように。すべての異教徒が貴殿の支配下に降りますように。私たちは彼ら〔ポルトガルと戦うイスラーム教徒〕をメッカとバーブ・エル・マンデブ海峡〔アラビア半島南西部に位置し、紅海とインド洋をつなぐ海峡〕で待伏せ攻撃しましょう。もし貴殿が望むならば、私たちはジッダかトル〔シナイ半島南西部〕に軍を派遣することもできます。さすれば、貴殿の心からの願いが叶って、世界からイスラーム教徒が駆逐され全滅させることができるでしょう。私たちの臣民がここから主キリストの聖墳墓に持参する贈り物をイスラーム教徒が奪って犬に与えるような真似をしないように協力する準備ができています。〔聖墳墓教会は、1187年末以来イェルサレムにあるエチオピアの宗教共同体の所有物になっていた。〕

　さあ、今や主キリストと聖母マリアが約束した通り、異教徒のイスラーム教徒らをやぶり駆逐する王がヨーロッパから誕生する時が到来しました。これはまさに我々の救世主と聖母マリアが予言した時であります。

　私たちの使節が貴殿にすべて伝えることでしょう。彼の言葉を私の言葉として聞いて受けとめてください。彼を丁重に扱ってください。彼は私たちの臣民のなかで最も学識のある名士であり、だからこそ彼を貴殿のもとに派遣したのです。本当は貴殿の使節を通して私たちの要望を貴殿へ伝えたいと思っておりましたが、私たちの心のなかに彼らが貴殿にすべてを伝えないかもしれないという疑念が生まれたのです。

　私たちは使節マタイとともに、貴殿にキリストがイェルサレムで磔にされた木の一部で作られた十字架を送ります。この木片は、私たちのもとに送られたものです。私たちはその木片から二つの十字架を作り、一つは私たちが保持し、もう一つを貴殿へ送りました。それは黒色で吊るせるように銀色の輪がつい

ています。

　もし貴殿が、私たちとの間で、息子たちと娘たちの婚姻を取
り結ぶことを望まれるなら、お望みの通りにいたしましょう。
しかしこの関係は永続的なものとすべきであり一時的なもので
あってはなりません。

　救世主イエス・キリストと聖なる処女である聖母マリアの生
と祝福が、貴殿と貴殿の息子たちや娘たち、そしてすべての臣
民のもとにありますように。私たちは軍を進めるごとに強力に
なっていきます。神は私たちの信仰に反対するすべての人々を
打ち負かすのを手助けしてくださるからです。ですが、私たち
は海軍を持っておりません。しかし神の慈悲によって貴殿の海
軍はどこよりも優っています。イエス・キリストが常に貴国を
強くしますように。貴殿の兵士らがインドで成し遂げた事柄に
ついて聞きました。私たちにとってそれは奇跡であり、人の手
によるものではないように思われました。貴殿が千隻もの船を
動員したとしても、私たちは貴殿の軍に食糧を届けましょう。

　王妃エレニの書簡がインド南西部のゴアに届いたのは1512年であった。
彼女がポルトガルに書簡を送ることにしたのは、1490年頃からエチオ
ピアに滞在していたポルトガル人外交官で探検家でもあるペロ・ダ・コ
ヴィリャからの助言によるといわれている。しかしながら、もしコヴィ
リャが関与していたなら、ポルトガル語の翻訳も付していたはずである。
ポルトガルに届けられた書簡はペルシア語とアラビア語で書かれていた。
ポルトガル語訳はなかったので、私たちはエレニが、インド総督の2人
のポルトガル人使者が提供した情報をもとに、この書簡をしたためたと
受けとめる必要がある。

　エレニの書簡は、内容が極めてはっきりしており、筋が通っている。
彼女はそれを書くことで、何を得ようとしたのだろうか。当時、エチオ
ピアのキリスト教王国は、王国領内のイスラーム教徒が〔オスマン帝国
の〕トルコ人の支援を得て攻撃をしかけてくるといった差し迫った危険
に晒されていたわけではなかった。しかし、エレニは、エチオピア内で
イスラーム勢力との微妙な力の均衡関係が崩れる危険性があることに気
付いていた。彼女は敬虔なキリスト教徒として、ポルトガルとオスマン
帝国の間で激しさを増していた戦争において、ポルトガル側に味方した。
しかし国内のキリスト教徒とイスラーム教徒の対立において、エレニは

宥和と政略結婚という戦略によって問題解決をはかろうとしていた。この時代の歴史について〔イスラエル人歴史学者〕モルデチャイ・アビルは、エレニが、エチオピア領内での脅威となっていたイスラーム勢力に対抗するための支援をポルトガルに求め国交を樹立する決断を下すまで時間がかかり過ぎたと批判している（Abir 1980）。

　だが、この批判はコンテクストを度外視していると強く主張したい。エレニは当時イスラームを脅威と感じていなかったのではないか。エレニが書簡を送った主な目的は、イスラーム世界と戦争を行っていたポルトガルに対して、同じキリスト教国として援助を申し出るためであった。エチオピアは海軍を持っていなかったが、兵力となる人材や食糧、武器はあった。もう一つの目的は、ヨーロッパの国ポルトガルとアフリカの国エチオピアの間の外交関係を、当時国家間のつながりを最も永続的で強固なものにすると考えられた婚姻によって固めることであった。エチオピアとヨーロッパの貴族の間で婚姻を利用して政治的関係を固めようとする試みは1920年代初めにおいても見られる。

　王妃エレニの書簡は、ヨーロッパの君主がイスラーム教徒との間で展開した戦争において、アフリカ側から受け取った最も力強い援助の申し出であった。エチオピアからの使節マタイがインドとポルトガルの両国で歓迎されたのは間違いない。エチオピアではキリスト教信仰が当時のヨーロッパと同じ程度に定着していた。〔イエス・キリストが磔刑に処された〕聖十字架の一部から作られたとされる十字架の贈り物は、感動をもって受けとめられたに違いない。エレニの外交努力の結果、ポルトガルはエチオピアに使節を派遣し、それは1520年に到着した。プレスター・ジョンの王室に贈られたとされる贈り物がほかでもなくエレニ宛てのものであったという事実は、ポルトガルが彼女の外交努力をいかに高く評価したかを示している。

エチオピアをめぐるポルトガルとオスマン帝国の抗争

　アフリカにとって16世紀はいろいろな意味で注目すべき時代であった。紅海とその沿岸は世界の二大勢力が争う場となっていた。そのうちの一つがポルトガルであり、主にインド洋のアフリカ側に勢力を広げ、1499年頃〔イスラーム教徒商人が海上交易の拠点としていた〕モガディシュ、ゼイラやベルベラを砲撃した。1505年にはキルワを占領し、〔インド洋と紅海の間に位置する〕ソコトラ島も占領した。もう一つの勢力がオス

マン帝国で、エジプトとイエメン、つまり紅海沿岸のほぼ全域を占領することで紅海における影響力を保持していた。ポルトガルとオスマン帝国の間の対立は、主に交易ルートの支配権をめぐるものであったが、宗教をめぐる対立であるかのように表現された。ポルトガルは、イスラーム教徒の聖都メッカに対する攻撃を仕掛けるために、オスマン帝国などイスラーム教徒が支配権を握る紅海の西側の対岸に位置する「プレスター・ジョンの国」エチオピアからの支援をあおぎ、その港マッサワを利用しようとしたのである。

　ポルトガルが紅海に進出したのは16世紀になってからであり、エチオピアのイスラーム教徒諸侯たちは14世紀以来、アラビア半島との地理的な近さを利用してきた。イファトとアダルといったエチオピアのイスラーム教徒諸侯国は、アラビア半島に確固たる拠点を持っていなかったかもしれないが、そこを経由して14世紀以降、武器、そして後の時代には銃器を入手することができるようになった。

　勢力範囲を拡張するオスマン帝国が、エチオピア東部のイスラーム教徒諸社会に対して支援を行ったのは、宗教的同胞意識があったからだけではなく、紅海を南東方面から進出しようとするポルトガル勢力に対抗するためであった。それに対して、ポルトガルは紅海からインド洋に抜ける貿易ルートを支配するオスマン帝国に対抗し援助してくれる同盟国を求めていた。ポルトガルの外交使節が1520年にエチオピアに到着した時、すでにエレニは権力の座から退いていた。したがって彼女が、王位を継承した若きレブナデンゲルの行動に影響を与えたとはいえない。王レブナデンゲルは、侵攻を繰り返すイスラーム教徒勢力に対し1517年に勝利したので、「ポルトガルと同盟を結ぶことを望んでいるようには見えなかった。だが、国自体はひどくそれを必要としていた」（Budge 1928: 331）。ポルトガルの使節団は1526年までエチオピアに滞在していたにもかかわらず、レブナデンゲルはイスラーム教徒の脅威を軽視し、ポルトガルの援助の申し出を無視した。その後、紅海における覇権をめぐってポルトガルとオスマン帝国の間で攻防が繰り広げられることになり、それはエチオピアの運命に大きな影響を及ぼすことになった。

王レブナデンゲル

　レブナデンゲルは1496年頃に誕生した。1508年に父である王ナオドが逝去し、王位に就いた時、まだ少年であった。そのためレブナデンゲ

ルが成人して統治者の役目を果たすことができるようになるまで、王妃エレニが摂政をつとめた。1520年にポルトガル使節団がエチオピアに到着した時、レブナデンゲルは20歳になっており、すでに1517年にイスラーム教徒のアダル王国との戦いにおいて勝利していた。そのためイスラーム教徒の脅威は取り除かれていると考え、使節団の援助の申し出を断っていた。しかしこれが結局、仇になってしまうのである。

レブナデンゲルの人生や功績に関する史料は、ヨーロッパにもエチオピアにも数多く存在する。ポルトガルは彼を強力な統治者であるとみなした。前任の王たちと違って、彼はイスラーム教徒の支配者の娘との結婚を拒んだ。ポルトガル使節団の理解によると、イスラーム教徒の小王国であるハディヤとエチオピアの間で行われた戦争は、レブナデンゲルがハディヤ王の娘との結婚を拒否したことに起因していた。ポルトガル使節団が伝えるところによると、レブナデンゲルは福音書の規律を重んじて1人以上の妻を持つことを望まなかったという。

レブナデンゲルは、ポルトガル使節団に対して然るべき敬意を払わなかった。彼は使節団の存在に対して疑念を抱き、王妃エレニがポルトガルに派遣したエチオピア使節団について、責任は自身にはないと言明した。エレニと違って、彼はイスラーム教徒が反旗を翻す危険性について理解していなかった。そしてレブナデンゲルは、1526年にあいまいな書簡をポルトガル使節団に託して帰還させ、王国内のキリスト教徒居住地域の防衛を強化する措置を事実上とらなかった。

アフマド・イブン・イブラーヒーム・アルガーズィ〔別名アフマド・グランニ（左利きのアフマド）〕に導かれたイスラーム教徒の諸侯国アダルとイファトが、オスマン帝国からの大規模な支援を受けてキリスト教王国エチオピアに対する本格的な攻撃を開始したのは1527年であった。その3年後、王レブナデンゲルは王国内をアフマド・アルガーズィの軍勢に追われて逃げ惑う存在となっていた。

レブナデンゲルは完璧に不意をつかれた。1530年に王は敗戦を喫し、アフマド・アルガーズィの軍勢が〔エチオピア中央の〕ショワ地方を支配した。13世紀に建立されたデブレリバノス修道院の破壊や修道士の虐殺と略奪行為は、アフマド・アルガーズィ率いる軍隊が征服の意図を持っていた証拠である。定まった都を持っていなかったレブナデンゲルは、アフマド・アルガーズィによる弾圧に苦しめられた。1531年にはアフマド・アルガーズィがエチオピアにおいて最も強力な統治者となっており、レブナデンゲルは自らの王国内で逃亡者と化していた。エチオ

ピア王国軍は、オスマン帝国の支援を受けて武器装備の点で優勢であったアフマド・アルガーズィの軍勢にはかなわなかった。

　アフマド・アルガーズィによるアビシニア高地の征服は、エチオピア正教会が年月をかけて創り上げ発展させてきたキリスト教的政治イデオロギーを根底から揺るがした。アフマド・アルガーズィの支配下に置かれた人々の9割近くが、強制的にイスラームに改宗させられた。

　エチオピア側の史料はレブナデンゲルの治世に対して批判的である。度重なる宴会によって財源を浪費したり、戦争で戦績をあげられるように聖職者に祈禱を依頼したりしたことなどが非難された。さらに正教会の信仰をいかがわしい目的で用いたり、呪術的な力に頼ったりしたこともまた非難された。アフマド・アルガーズィがもたらした災いは、レブナデンゲルの傲慢さと信仰の欠如に要因があるとされた。レブナデンゲルの死後半世紀が経って彼のために書かれた伝記でさえ、教会からの諫言をよそに好色な暮らしを送ったことが強調されている。

　エレニはレブナデンゲルよりも、キリスト教徒とイスラーム教徒の間に深い溝があることに気付いていた。彼女はポルトガルに近づき同盟を結ぶことによってどのような利益が得られるのか思索をめぐらすほど知力あふれる人物であった。彼女はもしかしたらエチオピアがポルトガルとオスマン帝国の間の戦争の場と化すことに気付いていたのかもしれない。もしレブナデンゲルが、エチオピアに6年間も滞在を強いられていたポルトガル人使節団をもっと賢く利用していたなら、もっと早く援軍を派遣してもらっていたかもしれない。リタ・パンクハースト（2009）が結論付けているように、レブナデンゲルは義理の祖母の知恵を忘れたために国を悲惨な内乱に陥れた。

王妃エレニの知恵を認める

　レブナデンゲルは1535年頃、ようやく王妃エレニの知恵を認め、それに倣ってイスラーム教徒によるエチオピア征服を阻止するために、ポルトガルに援軍要請のための使節団を急遽派遣した。使節団のリーダーであったジョアン・ベルムデスは、1520年のポルトガル使節団のメンバーだった人物で、エチオピアに滞在し続けていた。ベルムデスは1539年にポルトガルに到着し、ポルトガル政府に事態打開に向けて介入するよう促した。エチオピア側はマッサワやゼイラにポルトガルの要塞を築くことに同意していた。しかしその時、ポルトガルの主な関心は

紅海周辺におけるオスマン帝国の勢力拡大に向けられていた。ポルトガルは、エチオピア側から援助を得られることを期待しておらず、その必要もないとみなしていた。ポルトガルはエチオピアに武器や兵員、食糧を頼らなくてもオスマン帝国の脅威に十分対処できると感じていたのだろう。

　1541年ポルトガルは、インド総督ドム・エステヴァン・ダ・ガマ率いる海軍に、インド洋からスエズまでの沿岸地域に存在するオスマン帝国の港を、すべて破壊するよう命じた。ドム・エステヴァンと弟のクリストヴァンは次々とオスマン帝国の港を攻略した。この一行がスエズから戻る途中、マッサワに寄港しバハルナガシュ〔海港領主〕のイサクによる歓待を受けた。エチオピア北部の領主であった彼は、レブナデンゲルの死後その後継となった王ガラウデウォスの母サブレウォンゲルの指示を受けてポルトガル人たちを招待したのである。イサクはポルトガル人たちに、レブナデンゲルが1540年に死去したこと、イスラーム教徒によってエチオピアが蹂躙されていることを伝え、援軍を嘆願した。

　バハルナガシュ・イサクは言葉巧みにキリスト教徒の同胞愛に訴えてポルトガル勢を説き伏せ、ポルトガル勢は若く有能なクリストヴァン・ダ・ガマ配下400人の軍団をその任にあたらせることにした。軍団と弟を残すことにした総督ドム・エステヴァンは、バハルナガシュに「私はこれらの兵士と弟をあなたに託します。私の弟は死をも厭わぬ覚悟で仕える所存でおります」と告げた。

　エチオピア人とポルトガルの連合軍が初めてアフマド・アルガーズィの軍勢と戦いを交えたのは1542年であった。その後、何度も戦闘が繰り広げられ、その一つにおいて、アフマド・アルガーズィはオスマン帝国から900人ものマスケット銃兵の援軍を得て、エチオピア・ポルトガル連合軍を破り200人以上のポルトガル兵士を殺した。

　勝利を確信したアフマド・アルガーズィはオスマン帝国の部隊を帰国させた。一方、ポルトガル軍残兵は、王妃サブレウォンゲルとその息子で王に就任したばかりのガラウデウォスの下で再結成されたエチオピア軍勢と合流し、1543年10月にアフマド・アルガーズィの部隊を攻撃した。それによりアフマド・アルガーズィは戦死し、イスラーム教徒の軍勢はアビシニア高地西部から撤退し、大地溝帯の交易ルートはキリスト教徒の支配下に戻った。

　エチオピアのキリスト教徒とポルトガルの連携を模索したエレニの思惑は、彼女の死から20年が経ってようやく実現した。アフマド・アル

ガーズィによるキリスト教王国征服の試みは、少数精鋭のポルトガル軍部隊の加勢によって阻止され、頓挫した。先見の明があるエレニがポルトガルと堅固な関係を築きあげるための政策をとっていなければ、結果は全く異なったものとなっていただろう。

エチオピアのイスラーム

　エチオピアは歴史上、大半の期間を通してキリスト教の王国であった。このエチオピア王国の地理的な位置は一貫してアビシニア高地の西部にあった。そしてイスラーム教徒の諸侯国は主に高地東部の南部一帯にあった。

　〔イギリスのイスラーム史学者〕 J・スペンサー・トリミンガムと〔エチオピアの歴史学者〕タッデセ・タムラトは共に、14世紀半ばにはエチオピア内の七つのイスラーム教徒諸侯国がキリスト教王国に従属していたと述べている（Trimingham 1952、Taddesse 1972）。彼らは、エチオピアのキリスト教王国が非キリスト教徒の地域へと領土を拡張した際、宗教的連帯ではなく、軍事力が国家統一の道具として用いられたと捉えていた。

　しかし、ここで指摘しておくべき重要なことは、エチオピアの、特に高地部のイスラーム教徒の間において、スーフィズム（イスラーム神秘主義）とエチオピアのキリスト教的な儀礼が共に浸透していたことである。エチオピアでは、イスラーム教徒もキリスト教徒も、同じ聖地を訪れることがある。スーフィー（イスラーム神秘家）の導師のなかには、スーフィズムが、預言者イエスの生き方に基づいていると理解する者もおり、これはエチオピア正教会にも多くの共通点を持っている。

　さらにこの二つの宗教の分布のあり方に影響を与えた出来事の一つに、エチオピア南東部からのクシ系民族オロモの移動拡散が挙げられる。オロモは、キリスト教徒とイスラーム教徒の間で緩衝壁のような役割を果たした。オロモには独自の宗教があったが、高地東部ではイスラームの影響を受け、高地西部ではキリスト教からの影響に晒され、結果的にオロモは二つの宗教に分裂した。大地溝帯と高地東部に定着したオロモの大半はイスラーム教徒になり、高地西部に定住したオロモはキリスト教を受け入れた。

　アビシニア高地は大地溝帯によって東西の二つの部分に分断される。エチオピア王国の政治の中心であるアクスムは、高地の西部に位置していた。エチオピア王国の経済基盤は、国の南部、南西部で産出される商品の輸出に支えられており、これら商品は、大地溝帯を経由して紅海沿岸へ搬送された。9世紀末までアクスムがこの長距離交易ルートを支配していた。

8世紀にこの地域に伝わったイスラームは、まず大地溝帯と西部高地の東端に沿って広まり、13世紀以降は東部高地に広まり、（イスラーム教徒のアダル王国の都）ハラルが政治や文化の中心地となった。イスラームは交易と商人の宗教であった。8世紀初めから13世紀までイスラームは大地溝帯に沿って広まり、イスラーム教徒たちはその結果としてエチオピアと紅海沿いに広がる交易ルートを牛耳ることができた。だが、9世紀末になるとアクスムはもはや交易ルートを支配下に置くことができなくなった。輸出する商品と資源搬出拠点を失ったことによって、エチオピア王国は、紅海沿岸から撤退し、まずはラリベラ地方に、続いて13世紀末にはアムハラ地方へ移動を余儀なくされた。

　西部高地のあちらこちらに小さなコミュニティを形成していたイスラーム教徒の集団はジャバルティとして知られ、今でもその末裔が生き残っている。トリミンガムによると、ジャバルティは高地部のキリスト教徒の住民の間に家族やグループ単位で散らばって生活しており、「彼らはエチオピア人イスラーム教徒であり、居住地域の言語を話し、地域の慣習に従って暮らし、イスラーム法を遵守するのは宗教儀礼、個人的地位や家族法に関連する事柄についてだけである」(Trimingham 1952: 151)。ジャバルティの家族のなかには、（正統カリフ時代の）第3代カリフのウスマーンとその妻で預言者ムハンマドの娘ルカイヤとの息子でエチオピアに避難し留まったとされる人物まで血筋を遡ることができると主張する者もいる。

　高地部のイスラーム教徒はキリスト教徒と大方平和な関係を維持した。アクスム王国の住民でイスラームに改宗した者たちは、交易商人や工芸（特に裁縫業）職人が大半を占めた。エチオピアのキリスト教徒アムハラ社会では、交易、機織り、土器作り、鍛冶、皮なめしといった工芸職は、社会階級の低い人々のものと考えられていた。また北部アビシニア高地では、イスラーム教徒は土地を所有し農耕を生業とすることを禁じられていた（中部高地のイスラーム教徒はその限りではない）。これら社会階級の低い人々とイスラーム教徒が、長距離／短距離の交易と機織り業を独占するようになった。

　しかし、ノーマン・シンガーによると、

　　　エチオピアのキリスト教徒がイスラーム教徒の隣人たちとの
　　間に築き上げた平和的関係の基盤の一つは、伝統的にキリスト
　　教徒が日々の活動の多くを規定する権威としてキリスト教に依

拠しており、イスラーム教徒がイスラームの権威に従っていた
ことによると思われる。双方がそれぞれの宗教に依存しながら
並存していたからこそ、互いに対して寛容にふるまえたのでは
なかろうか。(Singer 1971: 134)

　トリミンガムは西部高地において広く見られたキリスト教徒とイス
ラーム教徒の間の関係について次のように述べている。

　ジャバルティは、北東アフリカに住むイスラーム教徒の大部
分よりも高度なレベルにある。ジャバルティの多くは工芸職人
や商人で、それはアビシニア人が血統に対する誇りと労働に対
する侮蔑を抱いていたために、そのような職業〔工芸職や商業〕
につかなかったからであるが、ジャバルティのなかには農耕集
団も数多く存在する。ジャバルティは、遊牧民のように狂信的
な信者ではなかったが、それは、経済的繁栄が安定した統治と
平和的情勢に依存しているからである。彼らは信仰上の義務で
ある礼拝や断食についても厳格ではなく、メッカ巡礼に行く者
がいたとしてもごくわずかであった。村長はシャイフと呼ばれ
ており宗教法に従って仲裁する。しかし多くの村にはカー

58

ディー（裁判官）と呼ばれる人物がおり、普段はコーラン学校の教師をしている。〔……〕ジャバルティの女性に対する態度は、周辺社会から影響を受けている。一般的に男性は妻を一人しかもたず、女性はヴェールで顔を隠すこともなく、敬意をもって遇されており、かなりの自由を謳歌している。（Trimingham 1952: 153）

　最後に、エチオピアのイスラーム研究の分野で最も知られている歴史学者の故フセイン・アフマドが述べた厳粛な評価を本章の結びとしよう。

　　少なくとも8世紀以来、イスラーム教徒の共同体は（北部と中央高地を含む）国のいたるところに、キリスト教徒の支配者と地主階級が優位を占めるエチオピア社会の周縁部で暮らしていた。各地に散在するこれらの共同体は、相互に交易や聖廟参詣を通して定期的に接触を持つ関係を維持していたにもかかわらず、エチオピア全土に広がるイスラーム教徒としてのアイデンティティを形成するには至らなかった。国内の多くの地域で、イスラーム教徒は土地の使用権も所有権も認められず、また軍隊に入ることも、国を動かすような政治的・社会的事業に参加することも禁じられた。モスクを建設すること、イスラームの祭日を祝うこと、宗教活動を実践することも認められなかった。彼らは、国と教会の双方から、二流の市民もしくは外国人として認識されていた。しかし、民衆や国が先導する形で彼らに迫害を加えてきたことは一度たりともなかった。（Hussein 2006: 6）

参考文献

Abir, Mordechai
1980　*Ethiopia and the Red Sea: The Rise and Decline of the Solomonic Dynasty and Muslim-European Rivalry in the Region*, London: Frank Cass.

Alvarez, Francisco
1961　*The Prester John of the Indies: A True Relation of the Lands of Prester John, Being the Narrative of the Portuguese Embassy to Ethiopia in 1520*, Translated by C. F. Beckingham and G. W. B. Huntingford, Cambridge: Cambridge University Press.

Budge, Wallis
1928　*A History of Ethiopia: Nubia and Abyssinia*, London: Methuen.

Gibbon, Edward
1781　*The Decline and Fall of the Roman Empire*, Vol. III, London: Frederick Warne & Co. (『ローマ帝国衰亡史（7）』中野好之訳、1996年、筑摩書房)

Hussein Ahmed
2001　*Islam in Nineteenth-Century Wallo, Ethiopia*, Leiden: Brill.
2006　"Coexistence and/or Confrontation? Towards a Reappraisal of Christian-Muslim Encounter in Contemporary Ethiopia," *Journal of Religion in Africa*, 36 (1): 4-22.

Pankhurst, Rita
2009　"Taytu's Foremothers: Queen Eleni, Queen Sabla Wangel and Bati del Wambara," in Svein Ege, Harald Aspen, Birhanu Teferra and Shiferaw Bekele (eds.), *Proceedings of the 16th International Conference of Ethiopian Studies, July 2-7, 2007*, Trondheim: NTNU.

Sanceau, Elaine
1944　*The Land of Prester John: A Chronicle of Portuguese Exploration*, New York: Alfred A. Knopf.

Sergew Hable-Selassie
1974　"The Ge'ez letters of Queen Eleni and Libne Dingil to John, King of Portugal," in *IV Congresso Internazionale di Studi Etiopici, 1972*, Rome: Accademia Nazionale Dei Lincei, pp. 547-566.

Singer, Norman J.
1971　"Islamic Law and the Development of the Ethiopian Legal System," *Howard Law Journal*, 17: 130-168.

Taddesse Tamrat
1972　*Church and State in Ethiopia, 1270-1527*, Oxford: Oxford University Press.

Trimingham, Spencer J.
1952　*Islam in Ethiopia*, London: Oxford University Press.

第 4 章

王妃タイトゥ

——独立国家としてのエチオピアの存続

近代国家としてのエチオピアを建国したのは、メネリク２世（在位1889-1912年）で
ある。だが、その王妃タイトゥの外交手腕や、軍事指導者としての役割については看過
されてきた。本章では、王妃タイトゥの機転や決断力によって、いかにエチオピアが
19世紀後半に直面した危機的状況を切り抜けてきたのかを見ていくことにしよう。

　1868年のスエズ運河の開通は、ヨーロッパ列強によるアフリカの植
民地分割に拍車をかける大きな要因の一つであった。フランスとイギリ
スはすでにアフリカに植民地を持っていたが、イタリアが紅海沿岸の北
東アフリカ地域に進出する足がかりとなったのが、1882年のアッサブ
港占領である。

　当時、アフリカの植民地分割は、アフリカ大陸には土地の所有者がい
ないという大前提のもとで行われていた。だが、これは大きな間違いで
あった。アフリカ大陸の諸国家は自分たちの領土に対する主権を死守す
るために戦った。エチオピアの場合もそうであった。

　1874年以降、皇帝ヨハンネス４世（在位1872-89年、以下ヨハンネス４
世）の指揮下でエチオピアは周辺諸国と戦争状態にあった。まず1870年
代においては、（イギリスの支援を受けた）エジプトとナイル川流域の支
配権をめぐって対戦し、次いで1880年代初頭には、北部スーダンに成
立したマフディー国家による挑戦を受けた。

　イギリスからの支援を後ろ盾に、イタリアは1885年にマッサワ港を
占領した。エチオピア国家はマッサワ港を自国領土とみなしていたため、
その占領に異を唱えた。それに対してイギリスとイタリアは双方とも、
マッサワがエジプトに属していたと反論した。しかしながら、イタリア
にとって、暑く乾燥したアッサブとマッサワの両港の占領は、天候が穏
やかなエチオピア高地を占領しなければ意味をなさなかった。1887年
１月26日、ラス・アルラ・イングダ[1]率いるエチオピア軍は、ドガリに
おいて、500人に増強されたイタリア軍部隊を急襲し、殲滅させた（Erlich
1996: 105）。これはイタリアが植民地支配の歴史において初めて経験し
た失望であった。そこで、イタリアはエチオピアに宣戦布告を行った。

　エチオピアの国境を防衛しようとする皇帝ヨハンネス４世の施策は、

---

[1]　「ラス」は皇帝からエチオピア人の貴族に授けられる最高位の称号。ラス・アルラはヨハンネス
　　４世に仕えるティグライ出身の貴族。

エチオピア中央部のショワ地方を領有する王メネリクのような地方領主たちの野望によって、阻まれることになる。メネリクは1883年に、ソロモン朝の血筋をひくタイトゥと結婚することによって、エチオピアの皇帝の地位を勝ち取ろうという大望を抱いていた。

　タイトゥは1850年頃にセミエン地方で生まれた。セミエンはウォッロ地方とティグライ地方に挟まれた地域である。タイトゥはラス・ググサの曾孫にあたり、曾祖父ラス・ググサは1800年から1825年にかけて〔北部〕エチオピアを統治したオロモであった。タイトゥは、ソロモン朝の系譜をひくアムハラの血筋をひくとともに、イェジュ[2]の領主一族ウォッレ・シェフの子孫であるオロモでもあるという、自身の系譜的背景を巧みに活用した。タイトゥはアムハラ語とゲエズ語に堪能であった。多才であった彼女は作詩やチェスを嗜み、エチオピア貴族に好まれる竪琴（ベゲナ）の演奏にも長けていた。タイトゥは5番目の夫となるメネリクと結婚する前に4回の結婚を経験していた。エチオピア正教会の記録によると、タイトゥとメネリクは1883年4月に教会で聖体拝領を行って結婚した。タイトゥとメネリクが宗教結婚を行うことにしたのは、互いを尊敬し信頼し合っていたからであった。

　タイトゥとメネリクは〔ショワを中心とする〕エチオピアの広大な領域を支配していた。そして、メネリクは皇帝の地位を手に入れたいという野望を抱いていたので、北方と東方から侵攻の機会を狙っていた植民地勢力、特にイギリスとイタリアから、ヨハンネス4世に対して反旗を翻す目論見を提示された時、それを受け入れた。

　イタリアは、エチオピア高地を支配下に置くために分割統治の作戦を用いて、ヨハンネス4世の地位の弱体化をはかった。当時のイタリアの外交官によると、エチオピアは政治的単位というよりも地理的単位として捉えられていた。イタリア人たちは皇帝ヨハンネス4世に従属する者たちを支援することで、皇帝を倒すことができると信じていた。〔ショワの王〕メネリクの支持を取り付けるというイタリア側の目論見は成功した。メネリクは、中立的立場を保つことと引き換えに、イタリアから

---

[2]　イェジュはウォッロ州北部に位置し北部をラスタとティグライ州のラヤに接し、南部はミリイ川まで広がる地域。中心はウォルディヤである。同地の人々は16世紀までにアムハラやオロモとは異なる言語を持ち、強い地域アイデンティティを有したといわれ、ムスリム人口が多数を占めた。その後、オロモの北進によりオロモの定住者が増加した。18世紀から19世紀にかけてイェジュ王朝がエチオピア高原において影響力を拡大した。イェジュ王朝はアラビア半島から渡来したシェイク・ウマルを起源とすると信じられている。Ficquet, Eloi, "Yaggu", Siegbert Uhlig (ed), *Encyclopaedia Aethiopica*, vol. 5 (Y–Z), Harrassowitz, 2014, 12-15. イェジュ・オロモについては本書86-89頁参照。

大量の銃器や弾薬を供与され、着実に政治的地盤と軍備を強化していった（Rubenson 1976: 384）。

メネリクから支援を得ずにヨハンネス4世は、1888年にドガリから数マイル離れた地点でイタリアと対峙した。だが、イタリア兵たちは自分たちの軍事基地から出陣することを拒否し、ヨハンネス4世も前線を攻撃することに軍事的な利を見出さなかった。それに、ヨハンネス皇帝はエチオピア北西部を、北部スーダンのマフディー国家による執拗かつ破壊的な報復攻撃から守らなければならなかった。もっとも、このスーダンからの攻撃については、エチオピア側に多大な責任があった。1884年にイギリスがヨハンネス4世にマフディー国家に捕虜にされたエジプト人兵士たちの救出を支援するように説得し、合意を取り付けた。エチオピア軍はスーダン軍を打ち負かし、エジプト人兵士たちを解放し、マッサワ経由でエジプトに帰還できるように安全を確保した。この友好的行為の見返りとして、イギリスはマッサワを含む現在のエリトリアの西部をエチオピアの領土と認めることを約束した。

エチオピア北部一帯におけるエチオピア軍の長期にわたる駐留は農民の経済活動に大きな損害をもたらした。ヨハンネス4世は、ショワやゴッジャムなど南部諸地域からの支援を得られず、マフディー国家とイタリアによる攻撃に晒された後、スーダンとの国境の町メテンマの戦いにおいて流れ弾に当たって死亡した。

ヨハンネス4世が死去した後、イタリアからの支援もあり、〔ショワの王〕メネリクが皇帝メネリク2世として1889年11月3日に即位した（Prouty 1986: 63）。2日後に、タイトゥが皇后となった。タイトゥはセミエンの領主としての地位を保持し、エチオピア皇帝の后になると、さらに広大な領地を所有するようになった。彼女は3,000～5,000人の兵からなる軍隊を持っていた。彼女は自軍を用いて戦争に参加する権力を有した最後のエチオピア女性である。

タイトゥの軍事や外交面での指導的役割が発揮されたのは、1889年5月2日のウチャレ条約の調印によって、メネリクとイタリアの間で緊密な関係が構築された直後からである（Marcus 1994: 89）。イタリアとエチオピアの関係が友好的であったのは短期間だけであった。

ウチャレ条約のイタリア語版とアムハラ語版の間に齟齬があり、解釈に違いがあったことで、エチオピアの国家主権が脅威に晒された。メネリクはイタリア人にアスマラならびにエチオピア高地の一部領域の占領を許容した。このエチオピアの領域の譲与は同条約第3条に規定されて

いる。だが、イタリアは、一方的にエチオピア高地の所有権を第3条で定められた領域よりも広い範囲に対して適用させていた。

　この条約の第17条では、メネリクは対外的な交渉においてイタリアがその役割を担うことに合意したことになっている。しかしながら、イタリア語版の第17条では、単にメネリクがイタリアのサービスを使うことに同意したとのみ記されていた。イタリア語版の第17条では、エチオピアはイタリアの保護領であると明記されていたが、アムハラ語版ではそのような記述はない（Marcus 1994: 89）。エチオピア側は、イタリア語版ではなくアムハラ語版の条約こそが遵守されるべきとみなした。条約締結後すぐに、イタリアはヨーロッパ列強諸国にイタリア語版の条約内容を通達し、そこにはエチオピアがイタリアの保護領であることも含まれていた[3]。

王妃タイトゥとイタリア

　メネリクとタイトゥは、エチオピアがイタリアの保護領となることを自分たちが認めたとは認識していなかった。二人ともウチャレ条約がエチオピアの利益に適っていると信じていた。第3条で定めた一地域におけるイタリアの権益を認める代わりに、エチオピアは銃4万丁と大砲28門、400万リラの長期低利貸し付け金を受け取ることになっていたからだ。この400万リラでさらに銃4万丁を追加購入することができるはずであった。彼らが見通すことができなかったのは、イタリアがそれより多くを望んでいたということだ。1889年5月2日の条約締結と1889年10月1日のローマでの条約の批准の間に、イタリアは占領地を拡大し、現在のエリトリアとエチオピアの境界にまで押し広げた。そこには、三つの地方が含まれていた。ハマセンの大部分、セライエ全域、アカラグゼイの大部分である。これら三つの地方は、エチオピア国家にとって不可欠な部分であった（Rubenson 1976：388）。

　1889年10月11日に、イタリアは全ヨーロッパ諸国に対して、エチオピアがイタリアの保護領となることを承諾したと通達した。エチオピアが公式にイタリアのこの動きについて知らされたのは、その1年後であった。

---

[3]　参考：眞城百華「イタリアによるエチオピア保護領化の試み（1889年）」『世界史史料　第8巻』（歴史学研究会編）、岩波書店、pp. 281-283、2009年

1890年1月1日に、イタリアは紅海沿岸各地ですでに占領していた領地を一つの植民地に統合し、それをエリトリアと名付けた。エリトリア高地の大部分をイタリアが占領したことは、ウチャレ条約第3条違反であった。

　タイトゥはウチャレ条約の起草には関与していなかった。条約起草までの交渉を継続的にフォローしていたエチオピア人の一人であるアツメ・ギオルギスは、メネリクに第17条の危険性について手紙を書いた。メネリクは条約の起草者であるピエトロ・アントネッリと翻訳者グラズマッチ・ヨセフ・ネグセに意見を求めた（Battaglia 1958）。両者とも、エチオピアの独立を脅かす項目はないと返信した。アツメ・ギオルギスは誤った噂を広めたとして投獄されたが、後に釈放され、メネリクから不適切に扱われたとして補償を受けた。

　一説によると、タイトゥは1889年9月にはイタリア語版条約の第17条について、ハマセン（当時イタリア占領下で、現在エリトリアの首都アクスムがある地域）出身の男性から報告を受けていたという。その男性はタイトゥとメネリクに、イタリアが第3条と第17条をどのように解釈しているのかを伝えた。それに対するタイトゥの反応は素早かった。彼女は「エチオピアが国の独立を守るためなら戦争を行う覚悟がある」と宣言した。これが真実であるならば、タイトゥが条約の論理的な帰結を見抜いていたことを示している。

　メネリクと彼のアドバイザーであった（いとこの）ラス・マコネンが、この条約によってイタリアにどのような権益を譲与することになるのかを十分認識していなかったことは明らかである。メネリクが自らの政策によって国家の主権だけでなく領土も喪失することになると気付いた時、アツメ・ギオルギスは首都アディスアベバにいた。1890年10月のことである。メネリクはウチャレ条約の締結を深く後悔した。アツメ・ギオルギスによると、その時タイトゥが登場した。タイトゥはメネリクを慰めた後、「今後、私に相談なしにいかなる合意も取り結ばないように」と諌めたという（Hiruy 2006）。1890年10月末から1896年のアドワの戦いの勝利まで、メネリクよりもタイトゥが、エチオピアの独立を守る立役者となった。

　メネリクが初めて第17条について抗議の意を表明したのは、1890年10月13日、イギリスのヴィクトリア女王に宛てた手紙においてであった。その返信としてヴィクトリア女王はメネリクに対して、イギリスと直接連絡を取るのではなく、エチオピアの新たな保護国となったイタリアを

通じて連絡を取るように通告した。1890年10月からメネリクが1893年
2月にウチャレ条約を破棄するまで、イタリアはメネリクに第17条を
受諾させるために説得を行った。しかしながら、エチオピアの外交関係
はもはやメネリクや彼の信頼する助言者であるラス・マコネンが関与で
きなくなっていた。

「我々も尊厳を守らなければならない」

　首都アディスアベバ在留のヨーロッパ人たちの間では、エチオピアの
外交政策において最終的な決定を下す人物が誰なのかについて、周知の
事実となっていた。イタリアはメネリクを武器などの贈り物を使って
〔エチオピアの保護国化について〕丸め込もうと試みたが、皇后タイトゥ
がエチオピアの主権について頑として譲らない姿勢を貫いたために、失
敗した。アントネッリは、タイトゥの影響力を十分認識して、彼女と将
来のイタリア＝エチオピア関係に関する噂を広めることで、彼女を不利
な立場に追い込もうとした。彼は、アディスアベバにいるエチオピア人
貴族やエチオピア正教会の指導者に対して、もしイタリアとエチオピア
の間で問題が起きたとしたら、それは彼女のせいであると告げたほどで
あった。

　タイトゥとアントネッリの最初の公式会談は1890年12月に行われた。
アントネッリは第17条について、エチオピアがイタリア以外のほかの
ヨーロッパ諸国の保護国となることを是認しないという内容の修正案を
提示した。イタリア外交団は、第17条の維持に向けて交渉するという
任務を託されており、この修正案に対する反応については、詳細な記録
が残っている。メネリクとラス・マコネンはこの修正案を受理する意向
があったが、タイトゥは断固としてそれを拒んだ。彼女はアントネッリ
に「あなたは他の国々に対してエチオピアがイタリアの保護国であると
示したいようだが、それは決して実現することはないだろう。我々も尊
厳を守らなければならない」と告げた（Hiruy 2006: 213）。

　第17条をめぐる交渉は1891年1月まで続いたが、交渉の場には常に
タイトゥが同席した。タイトゥの立場をはっきりと示すやり取りが
1891年1月に行われた。アントネッリは、もし第17条が破棄されたと
したらイタリアはヨーロッパにおける威信を失うだろうと説明した。イ
タリアにとって唯一の選択肢は修正案を再考するようエチオピアを説得
することだ、と彼は主張した。交渉は膠着状態に陥り、アントネッリは

タイトゥに対して、この外交と政治的危機を打開するために新たな案を提示するように求めた。

　タイトゥは、メネリクとラス・マコネンと共に、第17条の破棄を明示した新しい案を起草した。アントネッリは、メネリクとラス・マコネンが口頭で説明した内容を信じ込み、アムハラ語からイタリア語に翻訳される前に新しい修正案に調印した。数日後の1891年2月10日、アントネッリはアムハラ語版の修正案が、彼自身の提案とは全く異なるものであることに気付いた。彼は調印した合意書を引き裂き、タイトゥとメネリクの目の前で、ウチャレ条約の有効性を繰り返し主張し、イタリアが1889年以降に占領した領域に断固として留まると告げた。

　イタリアの外交団は1891年2月中旬にはエチオピアを離れた。メネリクとラス・マコネンはアントネッリの提案を受け入れようとしていたが、タイトゥを説得することができなかった。メネリクがアントネッリの提案を受け入れようとしていたことに言及した〔有識者であり政治家でもあった〕ヒルイ・ウォルデセラシエは、1930年代に「もしタイトゥの先見の明がなければ、エチオピアは必然的に主権を喪失して保護国となっていただろう」と述べている（Hiruy 2006: 215）。

　1891年2月末、イタリアはウチャレ条約を維持することができないと判断した。そこでイタリアは、エチオピアが政治的に不安定であることを利用して分断統治の作戦をとることにした。イタリア人たちは、かつてメネリクを買収して中立的な立場をとらせ、彼を皇帝に即位させるのに重要な役割を果たしたと自認していた。そして今度は彼らがメネリクの政敵を後援することでメネリクを帝位から引きずり下ろすことができると考え始めた。

　1891年12月、イタリアはティグライの領主たちを動員し始めた。イタリアはアスマラを拠点に、故皇帝ヨハンネス4世の息子ラス・マンガシャ・ヨハンネスと友好条約を締結することに成功した。メネリクとタイトゥは、イタリア人たちが北部地域を切り離すことで国に断絶を作り出そうとする目論見を2年間にわたり注視していた。

　メネリクはこうしたイタリア側の動きに対抗する必要があり、彼は古くから受け継がれてきた方法で対応した。1893年に彼はウチャレ条約を破棄し、ティグライ地方の主だったすべての修道院教会に手紙を送った。その手紙には、ラス・マンガシャ・ヨハンネスが外国人と共謀し〔皇帝への〕忠誠の誓いを破ったと非難する内容が含まれていた。メネリクはティグライに侵入するという決断を下し、それによって生命や財

産が失われたとしても自分に責任はないと宣言した。

　エチオピア正教会の上層部からの説得を受けて、1893年の4月から5月にかけてティグライの領主たちはイタリアとの関係を絶ち、メネリクに対して服従の意を示す決意を伝えた。1894年6月、ラス・マンガシャ・ヨハンネスは、1887年にドガリ戦でイタリアを破ったラス・アルラと共にアディスアベバに到着した。メネリクとの話し合いのなかで、ティグライの領主である彼らは、イタリアがウチャレ条約3条を侵犯して占領したエチオピア領土について訴えた。ラス・マンガシャはメネリクと和解し、イタリア人とはメネリクからの指令がなければ戦争を開始しないように命令を受けて、ティグライに帰還した。

　イタリアの外交官たちは1892年から94年の間に数度にわたってエチオピアを訪問した。イタリア外交団の代表であるレオポルド・トラヴェルシが伝えるところによると、メネリクはどちらかというと協力的であるがタイトゥが反対すれば手も足も出ないという。1893年2月にイタリアは、ウチャレ条約を維持するという望みをかけてメネリクが購入した200万の銃弾を搬入した。しかしながら、イタリアが銃弾を搬入していた同じ頃、メネリクはヨーロッパの主要な国々に向けて、1894年5月にウチャレ条約が無効となるように破棄するという内容の手紙をしたためていた。条約は第3条を除いて、5年後に更新されることは合意されていた。それまでイタリアに占領されていた領域はその支配下にとどめ置かれることになっていた。

　イタリアの最終的な外交努力は1894年6月に実施された。エチオピアの主張は明らかだった。エチオピアは主権を守り、もしイタリアが要求を押しつけるために軍事力を行使しようものなら（メネリクとラス・マコネンは依然としてイタリアがキリスト教勢力なので、最終的にはエチオピアの立場から物事を考えてくれるだろうと楽観視していた）、独立を維持するために戦争の火蓋を切るつもりであった。彼らはイタリアに対して、政治的な解決策を模索するように要求し続けた。

　1894年6月、すべての関係者にとって戦争が不可避であることは明らかであった。イタリアは威信を保つために第17条の破棄を受け入れられず、エチオピアは先見の明のあるタイトゥの政策に従い、独立国として扱われる権利を主張する決断を下した。

タイトゥと第一次イタリア＝エチオピア戦争：1894〜96年

　第一次イタリア＝エチオピア戦争の経緯についてはさまざまな説がある。最後は1896年３月のアドワの戦いでエチオピアが勝利している。誰が戦争を始めたのかについてもいろいろな説がある。それには二つの見解がある。第１の主流となっている見解は、メネリクが1895年の９月に宣戦布告して戦争が始まったというものである。この見解はエチオピア中部における見解で、この戦争について研究している大多数に受け入れられている。第２の見解によると、戦争は1894年の12月中旬にエリトリアで起きたバハタ・ハゴスの反乱によって始まり、ラス・マンガシャが軍備不十分であったにもかかわらず占領地からイタリアを撃退しようとしたことに始まったというものである（Tekeste 1998: 569-585）。

　メネリクにとってウチャレ条約の第17条が重大な問題であったのに対して、ティグライの領主たちにとって第３条の方が重大であった。理由は明白である。第17条はまだこれから実施するというものであったが、第３条はすでに奪われていたティグライひいてはエチオピアの領土に関するものであった。それに、失われたエチオピア領土——一部は与えられ、一部は不法に占拠された——は、取り戻すことができなかった。それに対してウチャレ条約のほかの条項はどちらか一方もしくは両者が希望すれば破棄することもできた。ここではエチオピア北部の領主たちが、キリスト教徒居住地域である〔現在エリトリア領となっている〕高地のハマセン、アカラグザイ、セラエの占領を承認することを拒否したという点を指摘することは重要である。エチオピア北部の領主たちは条約自体の破棄のために戦ったのに対して、メネリクは条約の第17条の破棄のために戦ったのである。

　1894年12月13日から16日にかけて起きたバハタ・ハゴスによる反乱は、北部ティグライの領主たち（ラス・マンガシャとラス・アルラ）から全面的な支援を受けていた（Caulk 1986: 302）。1895年１月、イタリアはエリトリアにある本拠地からティグライ地方へと侵入し、ラス・マンガシャとラス・アルラを領地から追放した。この見方によれば、エリトリア人（イタリア占領下のエチオピア人）とティグライ人が戦争を開始し、イタリア人が応戦してエチオピア側に侵入してきたといえる。双方ともそれぞれの行動を正当化する根拠があった。イタリア側はメネリクに第17条を受け入れさせることに失敗したという理由があり、エリトリア人とティグライ人の側はイタリアが自分たちの領地を占領していることに対

して挑戦した。

1895年1月、イタリア人たちにとって、交渉の行き詰まりを打開する唯一の方策が戦争であることは明らかだった。だが、エチオピア人たちはキリスト教徒同士ならば、全面的な戦争を回避できるとまだ信じていた。ラス・マコネンとしては、もしイタリアが第17条を放棄するつもりならばティグライの全領域をイタリアに割譲することも検討していた。もちろん、ラス・マコネンの独断でこれを推し進めることはできなかったが、メネリクとタイトゥに対して自分の主張を押し通す準備はできていた。メネリクとラス・マコネンは、ナイーヴにもエチオピアがかつてイタリアと友好関係を築き上げていた頃のことを思い出し、それを維持するためには何でもする用意があった。しかしながら、それには二つの挑戦があった。一つはイタリアが第17条について妥協するような解決策には関心がなかったことである。そして二つ目に、そうした秘密の取り引きが一旦公になるやタイトゥが間違いなく阻止しようとするだろうということである。

メネリクが1895年9月に正式な宣戦布告を行うまでに、イタリア軍は全ティグライ地方を征服し、さらにその南のウォッロ地方にまで攻撃を仕掛けようとしていた。

アディスアベバからアドワへの軍隊の動きについては、『王統年代記』の著者であるゲブレセラシエによって逐一記録されている。メネリクは全臣民に対して、国、土地、妻と宗教を守るために従軍するよう呼びかけた。エチオピア軍は、1日15〜20キロというゆっくりしたペースで前進した。メネリクとタイトゥがアドワへの長い道のりを進軍し始めた当初、5万人規模の軍隊を有していた。前進するエチオピア軍は巨大な十字架のようであった。先頭には先遣隊がおり、道を切りひらき、斥候役をつとめた。先遣隊よりも少し後方には、左右には、武装部隊が守りを固めた。中心部にはメネリクやタイトゥの軍として知られる皇室の軍隊があり、3,000人ほどの兵からなっていた。その中核部分には、皇室のメンバーと二つの教会集団が、皇族や側近たちに食事を給仕する人々もいた。皇室軍の後には後方部隊がおり、中心の軍隊を背後から守っていた（Gebre Selassie 1967/8: 227-234）。

新たにエチオピア帝国に組み込まれた〔南部一帯の〕地域の事実上すべての領主たちが、メネリクとタイトゥの一行とウォッロ地方で1895年10月に合流した。前進するエチオピア軍は、まるで移動する都市のようだと表現された。毎晩2万張のテントが設営されたが、その作業の

ための労働配分や配置については、エチオピア人も外国人も記録に残している。ウォッロ地方に着く頃にはメネリクの軍隊は少なくとも８万人にまで増強されていた。この軍隊を支えたのが２万人の女性たちであり、彼女たちは軍隊のための食事を準備した。またそのほかにも２〜３万人が、薪集めや水汲み、馬やラバ、ロバの世話、食肉用の家畜（羊やヤギ、牛など）の世話などの雑務を担った。

　タイトゥは常に皇室のディナーの決まりや作法を守る役目を担った。皇室のテントは毎晩設営され、翌朝には解体された。ゲブレセラシエは皇室の決まりや作法を守るためにどれだけの労働力が必要であったかについて、以下のように述べている。

　　　軍隊の１部隊が、皇室のためのテント（合計18張）を毎朝解
　　　体し、そして夜にはまたテントを設営するという任務にあたる。
　　　この部隊はデスタ（喜び）と呼ばれており、約２万張のテント
　　　を設営する作業は１日の終わりと始まりを知らせる存在だった。
　　　この部隊は皇室のテント設営のために地ならしをする装備を備
　　　え、皇室のテントについて責任を負っていた。この部隊は常に
　　　メネリクとタイトゥの近くに控えていた。皇室のテントは中央
　　　に設置された。皇室のテントには、応接間、タイトゥのテント
　　　——これは最初に設営された——、メネリクのテントと皇室の
　　　出納官のテントなどからなっていた。この部隊は7,000人の男
　　　性からなり、皇室のための荷物を運搬する360頭のラバを従え、
　　　完全武装していた。(Gebre Selassie 1967/8: 227-228)

　これとはまた別に、皇室の台所のための食材や台所器具を担当する武装部隊がいた。この部隊は700〜800頭のラバからなっていた。蜂蜜と蜂蜜酒をつくるための材料は別の部隊によって、700〜800頭のラバで運搬された。またさらに別の部隊は、皇帝用の食材だけ——厳選された蜂蜜、小麦、その他の食材——を管轄した。この特別部隊は250〜260頭のラバが運搬にあたった。

　夜のうちに焼かれるインジェラ（エチオピアの主食で平たく薄いパンケーキに似ている）を運搬する重労働は〔エチオピア西部の〕ベニシャングル地方出身の350〜400人の屈強な男性からなる特別な部隊の役目であった。彼らは夜中に焼き上げたインジェラを木製の箱に、１箱あたり100〜120枚ずつ収めて運んだ。この部隊は250〜260頭のラバを使った。

皇室の台所は寝る暇もなく夜中稼働し続けた。毎朝、この部隊は250頭もものラバに、インジェラを積載する作業にあたらなければならなかった。これらのラバは、その日の晩に消費される少なくとも２万5,000枚ものインジェラを運んだ。

　兵站上、最も困難な課題の一つに、インジェラを焼く労働力の配置があった。『王統年代記』の著者によると、翌日のためのインジェラは、前の晩に焼いておく必要があり、インジェラを焼く女性たちも翌日は部隊と行動をともにする必要があった。ならば彼女たちはいつ寝ていたのだろうか。メネリクとタイトゥのやり方で軍隊に食事を提供するのであれば、軍隊そのものと同等もしくはそれよりも大勢の女性たちが必要であったに違いない。夜中に作業を担当する女性たちは日中に仮眠をとるか、その日の暮れ頃に休みをとることを許されたはずである。しかし、労働の性別分業という点では、男性の方が優遇されていたことは間違いない。大半の男性たちは、銃と弾薬しか運ぶものがなかったからである。『王統年代記』の著者が兵士たちの処遇について記していることがすべて真実であると信じなかったとしても、我々は、エチオピア人兵士が特に第一エチオピア＝イタリア戦争の時代は、貴族主義的であったと主張することができる。

　メネリクとタイトゥは、人や家畜に食料を提供する問題について十分認識していた。彼らは軍隊の食料を確保するためにできる限りのことをしたが、これは不可能な任務であることがわかった。アドワの勝利の直後にエチオピアに滞在したあるイギリス人は、エチオピア人は大規模な軍隊の編成には長けているが、彼らに食料を提供する秘策を編み出していないと、極めて的確に指摘している。実際、兵士たちはそれぞれの部隊長たちから数か月分の食料は配給されていた。だが、その供給量は、彼らを統率するには十分なものではなかった。このエチオピア的な軍隊のあり方が抱える脆弱さについて、イタリア人はよくわかっていた。

　しかし、1896年３月のアドワの戦い直前、イタリア軍の状況も良くはなかった。彼らは３日分の食料を残していたが、何千人ものエチオピアの兵士がアドワから50キロ以上南方にいて、食料を探し回っていた。

アンバ・アラゲの戦い：1896年１月

　メネリクの軍隊とイタリアの軍隊の間で初めて戦闘が行われたのは、ティグライ地方とウォッロ地方の境界にあるアンバ・アラゲにおいてで

あった。もっともイタリア軍にとってこれは２回目の戦闘であった。最初の戦闘は、1894年12月から1895年１月にかけて、エリトリアとティグライにおける小規模な軍隊との間で起きた。イタリア軍は、エリトリアの占領地から進軍し、ティグライ地方の大部分を大きな抵抗なく占領し、優位な立場を保持し続けることは容易であると確信していた。

　エチオピアの主要部隊は、その複雑さのためにゆっくりと進軍していたため、先遣隊がアンバ・アラゲ周辺に到着した頃、まだはるか後方にいた。メネリクとタイトゥと彼らの軍隊は、300キロも後方を進んでいた。先遣隊に追いつくまでには３週間かかると思われた。

　アンバ・アラゲの戦いはすぐに決着がついた。その戦いを勝利に導いたゲベイヨフは、イタリア軍の位置を把握するために斥候として派遣されたが、即刻攻撃を仕掛けることにした。不本意ながら、残る先遣隊のラス・マコネンとラス・マンガシャの軍隊も戦闘に突入し、イタリア軍を打ち破った。〔イタリア軍で〕殺害された兵士の多くはエリトリアとスーダンにおいて動員された、いわゆるアスカリ（植民地兵）であった。ピエトロ・トセッリ将軍を含む約50人のイタリア兵は、戦闘中あるいは敗走中に殺害された。

　先遣隊の長であったラス・マコネンは、部下のゲベイヨフが自らの命令を待たずに戦闘を開始したことに激怒していた。アンバ・アラゲ戦の英雄は、自宅軟禁を命じられ、それはメネリクとタイトゥが彼の釈放を認めるまで続いた。エチオピアの指導者たちは、当時西洋のメディアや文献が創り上げていたイメージとは対照的に、ヨーロッパでもあり得なかったほどの寛大さを持っていた。

　ラス・マコネンは戦争で亡くなった者全員のために、軍における地位に応じて、キリスト教式の埋葬を命じた。トセッリ将軍に対しても、ティグライの領主たちの反対にもかかわらず、軍隊式の埋葬が行われた。ティグライ人たちは、「トセッリこそ、〔反乱指導者〕バハタ・ハゴスをハイエナの餌とした張本人であり、彼を埋葬するなどもってのほか」と主張した。しかし、ラス・マコネンは、エチオピア人は死者と負傷者の扱いにおいて非キリスト教的な信仰には従わないと返答した（Prouty 1986: 140-143）。

メケレの戦い：1896年1月26日

　タイトゥが、最高位の軍事指導者でありメネリクの右腕であるラス・マコネンよりもはるかに優れた軍事的戦略家として台頭したのは、メケレの戦いにおいてであった。エチオピア軍は1895年12月20日にメケレに到着した（Battaglio 1958: 753）。イタリア軍はアンバ・アラゲでの敗北の後、メケレ郊外のイェスス山において軍備を整えるための時間稼ぎをしていた。イタリア軍は交渉による解決を望むといってエチオピア人を再びだました（Prouty 1986: 147-149）。メネリクとラス・マコネンは、交渉による解決の可能性を信じ、イタリア人に必要なだけの時間を与えた。エチオピア軍のキャンプでは不満が高まり、ラス・マコネンはイタリア軍と共謀しているのではないかとも疑われた。彼がイタリア軍を守っていたと信じるに値する理由がある。メネリクはラス・マコネンに忠誠を示すように求め、守りを固めたイタリア軍の拠点を攻撃した。だが、この攻撃によって、500人のエチオピア人が死亡した。これについてラス・マコネンの正面攻撃が自殺行為だったといわれている。ティグライの領主たちがラス・マコネンを止めなければ、彼は殺害されていただろう。ラス・マコネンは忠誠心を備えた人物であったかもしれないが、軍の指導者としては有能ではなかった。

　ラス・マコネンの攻撃が完全に失敗に終わった後、タイトゥは策を講じて自らの軍隊と相談の上で、イタリア軍の基地に水を供給していた小川を占拠することによってメケレへの包囲網を強化する作戦を遂行した。タイトゥは彼女の軍の副官たちから集めた情報に基づいて、それぞれ300人からなる二つの部隊に夜の間に小川まで行き翌朝までに防御を固めてから、イタリア軍との戦闘を開始するようにと命じた。小川はイタリア軍の基地から約400メートル離れており、兵士たちに大きな犠牲を強いることになることはわかっていた。タイトゥは兵士の士気を高めるための二つの戦略をとった。一つは、兵士たちに彼女自身が激励の言葉をかけたことである。それは、世界で最高の軍事指導者たちのスピーチに匹敵するような内容であった。その時の彼女のスピーチは、ゲブレセラシエによって記録されている。

　　兵士たちよ、あなた方は敵軍基地に喜んで飛び込んで戦うといってきた。しかし我々のような大規模な軍が、あまりに小さな対象を攻撃するとなると、自分たちの間で殺し合いが起きか

ねない。それはイタリアの銃器によってなされるよりもはるか
に悲惨な虐殺となるであろう。武勇を自慢する者どもよ、お前
たちは平野で死ぬことも辞さないと信じている。〔この山上で
の〕戦いに志願する者には栄誉を与えよう。戦死者に対しては
私自身がタスカル（死者を悼む会食）を催し、私が孤児たちの
面倒を見よう。神があなた方とともにあらんことを〔主ととも
にあれ〕。(Gebre Selassie 1967/8: 267)

　二つ目の戦略は、小川を防衛する部隊に豪勢な食事と飲み物を振る
舞ったことだった。タイトゥは、メネリクや軍事指導者たちに豪奢な夕
食を提供してきたことで知られていた。2週間もの間、タイトゥは彼女
自身の調理場から毎晩、選りすぐりの兵たちに特別な食事を提供した。
　イタリア軍は、タイトゥが率いる部隊を撃退できなかったばかりかの
どの渇きにひどく苦しめられて、白旗を掲げた。メケレでの勝利は、タ
イトゥの戦略的能力の成果であった。イタリア軍は、ラス・マコネンが
遂行した正面からの危険な攻撃に敗れたというよりも、歴史家ロベル
ト・バッタグリアが述べるように「タイトゥの発案で実行された第二の
軍事攻撃、能力を証明する真のモデル」によって敗北を喫したのである
(Battaglia 1958)。
　メネリクとラス・マコネンは、交渉による解決の可能性があるとまだ
信じていた。だが、イタリア人たちは、交渉による解決を望んでいな
かった。それが第17条の撤回を意味していたからである。イタリア人
たちは、ラス・マコネンと親しい諜報要員を使者としてエチオピア側に
送り、メケレからイタリア軍の拠点のあるアディグラットまで、イタリ
ア軍をエスコートすることでその厚意を見せてほしいと要求した。メネ
リク、タイトゥとラス・マコネンの忍耐力と宗教に導かれた政策は驚く
ほど寛大だった。エチオピア軍は、イタリア軍に庇護と支援を提供し、
彼らを武器や荷物とともに、メケレからアディグラットまで送り届けた。
バッタグリアが1957年にそれについて次のようにコメントしている。
「現代のキリスト教ヨーロッパの歴史において、戦時中にやぶったばか
りの敵に対して赦しの意を示した指導者がいただろうか」(Battaglia
1958: 690)。
　敗北したイタリア軍の兵士をアディグラットの基地に送り届けたこと
から、エチオピア人たちはイタリア人たちが交渉によって戦争の解決を
求めていると心から信じていた。メネリクはイタリアに交渉役を送るよ

う要請した。だが、イタリア人たちは何度も敗北したにもかかわらずまだ戦争に勝てると確信していたようで、イタリアから新たに武器を入手し兵力を増強するまでの時間を稼ぐ作戦に出た。

　エチオピア側は、我慢と兵糧の限界に達していた。メネリクは大軍を引き連れて1895年9月から出陣していた。エチオピア軍は1874～75年のエチオピア＝エジプト戦争以来、継続して北部エチオピアに駐留しており、北部エチオピアの農村社会には、彼らに食料を供出する余裕がなかった。とりわけ1888～92年において、大飢饉と疫病の流行によって、農民たちは多くの家畜を失っており、余力がなかった（Bahru 2001: 71-72）。

　メネリクはいつまでイタリアとのにらみ合いを続けるつもりだったのであろうか。考えてみるとよい。ただ一点だけ確かなことがある。彼の軍隊は兵糧が底をついてきており、兵士たちは長い戦場での生活に疲弊していた。メネリクは実際、1896年3月2日にはアドワから撤退しようと考えていた。彼はイタリア軍が基地から出てくることを拒んでいる限り、イタリア軍と抗戦しようとは思わなかった。

　他方でイタリア軍はアンバ・アラゲとメケレにおける屈辱的な敗北を挽回するよう圧力を受けていた。1896年2月末、イタリア軍の司令官は、エチオピア軍と正面切って対戦するのに必要な備えができていると判断した。そして、イタリア軍はエチオピア軍に使節を派遣し、アンバ・アラゲ戦の時点までイタリアが占領していた領土をイタリアに返還するという案を提示し、メネリクはウチャレ条約第17条を受け入れるべきであると告げた。メネリクは、そうした条件を拒否してイタリアからの使節を追い返した。

アドワの戦い：1896年3月1日

　1896年2月29日夜、三つのイタリア軍師団がアディグラットの本陣営から移動を開始し、その翌朝にエチオピア軍の本陣営があるアドワのすぐ手前で合流する計画を立てていた（Bahru 2001: 77-79）。作戦では、奇襲攻撃を仕掛けてメネリク軍に対して決定的な勝利をおさめることを狙っていた。だが、イタリア軍は大きな過ちを二つ犯した。一つは、彼らはエチオピア軍基地の正確な地理的位置を把握しておらず、三師団は翌朝合流することができなかった。二つ目の過ちは、エチオピア軍が諜報要員の連絡網を通じて、イタリア軍の動きを把握しており、適切な配

置につくための時間を十分持てたことである。

1896年３月１日の朝、イタリア軍の三師団がそれぞれエチオピア軍からの奇襲攻撃を受けた。アドワの戦いは午後の早い時間には決着がついていた。

エチオピア軍の方が軍備の面においても兵力の面においても、イタリア軍よりもはるかに優っていたものの、戦闘中、エチオピア軍もメネリクも結末がどうなるかわからないと思った重要な局面があった。マテオ・アルベルトーネ将軍が率いるイタリア軍の師団がアンバ・アラゲの戦いの英雄であるゲベイヨノと何百人ものエチオピア兵を殺害したのである。それにより、エチオピア人の下士官兵の間で混乱が起きた。アルベルトーネ将軍の銃兵によりエチオピア軍はメネリクやタイトゥの軍が駐留する地域にまで撤退を余儀なくされた。メネリクがそうしたイタリア軍の動きがどのような結果を招くのか飲み込めないで攻撃をためらっていた時、一時交戦が中断されたことがあった（Battaglia 1958: 752, Gebre Selassie 1967/8: 266）。

この重大な局面において、タイトゥが指導力を発揮して戦況の主導権を握ったのである。『王統年代記』の著者は以下のように書いている。

> タイトゥはエチオピア軍が撤退していると知ると、彼女はベールをはぎ取って顔を露わにし、撤退してくる兵士の前に立ちふさがり、彼らに踏みとどまるよう命じた。彼女はエチオピア軍に次のようにアピールした。「勝利は我らのものである！ 勇敢さを見せつけなさい！ 敵を殺すのです。」（Gebre Sellasie 1967/8: 263）

タイトゥに激励され、エチオピア軍は踏みとどまり、戦闘を有利に転じさせた。

戦場におけるタイトゥの存在は極めて重要であった。彼女は皇室の調理場の配備を管理し、メネリクや軍の指導者たちをもてなしただけでなく、飲み水を準備したり戦中・戦後における負傷者の世話にあたったりもした。タイトゥは非戦闘員としてエチオピア軍に従軍していた女性たちに対して、水の入った容器を担いで兵士の近くで待機するように指示した。この方法で少なくとも１万人の女性が、エチオピア軍部隊への水の補給と負傷兵の手当にあたった（Prouty 1986: 157-158）。

人命の損失は両軍ともに大きかった。イタリア人は4,600人が死亡し、

2,000人が捕虜となった。そのほかにイタリア軍に従軍していたエリトリア人／スーダン人の兵士2,000人が死亡した。エチオピア軍は、兵士1万人が殺害され、それよりも多くの数の負傷兵が出た。

　戦争の年代記の著者によると、タイトゥは戦死したエチオピア兵だけでなくキリスト教徒のイタリア人兵士を悼んで泣いたという。そして彼女は、イタリア人を含めた負傷兵の治療を命じた（Gebre Selassie 1967/8: 267）。バッタグリア（1958）が結論で述べているように、タイトゥは単に優れた軍事戦略家であっただけでなく、慈悲深い宗教的な指導者でもあった。敵の負傷兵や捕虜に対して彼女が示した態度については、近代史においては類を見ない（Battaglia 1958: 786）。

結論：タイトゥとメネリク、アドワとエチオピアの独立

　メネリクは偉大な指導者として巨大な多民族国家を築き上げ、臣民は彼の呼びかけに応じて戦陣に加わった。エチオピアの南部一帯の大半の地域は、数十年前に征服され帝国に併合されたばかりであった。彼は新たに征服した地域の人々の忠誠を獲得することに成功し被征服民の人々は要求されたものを提供した。彼らは戦争には兵力を提供し、消費財や輸出品も供給した。メネリクは気前がよく、優しく、寛容な指導者であったが、彼の才覚はパートナー選択にあった。タイトゥは彼の最初の妻ではなく、簡単に手に入れたわけでもない。彼女は宗教に基づく結婚を要求し、絶大な影響力を有していたエチオピア正教会から強力な支持を獲得していた。

　だが、メネリクは、ヨーロッパの植民地支配からエチオピアを守り抜くために必要であった外交能力あるいは戦争指導者としての能力は不十分であったといわざるを得ない。植民地支配の刃からエチオピアを守ったのは、タイトゥである。ウチャレ条約のアムハラ語版とアントネッリが書き直したイタリア語版の間の齟齬に気が付き、エチオピアの独立を守ったのはまさにタイトゥであったといえる（Prouty 1986: 92-99）。

　メネリクの、アドワの戦いの勝者として、また近代エチオピアの建国者としてのイメージは動かしがたい。だが、メネリクのパートナーとしてのタイトゥの役割——外交官あるいは戦略家としての——は、然るべき評価が与えられているとはいえない。

エレニからタイトゥまで：略史

　エチオピアは1527年にアフマド・イブン・イブラーヒーム・アルガーズィに征服され、それは彼がキリスト教徒エチオピア人とポルトガル軍の合同軍によって1543年に殺害されるまで続いた。この戦争は権力をめぐる闘争として説明されてきた。アフマド・アルガーズィは、エチオピア国家を統治する平等な権利を自分が持っていると信じていた。そして支配下に置いたエチオピアで、数々の教会や修道院を破壊するとともに、強制改宗の政策をとった。アフマド・アルガーズィ以前のエチオピアのキリスト教徒の歴代王は、諸王のなかの王（皇帝）に忠誠を示す限り、臣民の宗教的慣習には干渉しようとはしなかった。しかしながら、キリスト教徒の歴代王は、反乱を起こした罰としてモスクを略奪したり、破壊したりすることを慣例的に行っていた。

　アフマド・アルガーズィの統治の仕方についてはほとんど知られていない。征服したキリスト教徒の領民と平和的関係を築かなかったからである。公式な権力は依然としてキリスト教王国の王が握っていた。王ルブネ・デンゲルの息子ガラウデオスは、皇帝として即位し、アフマド・アルガーズィの支配に対する抵抗を続けた。さらに北部のエチオピアについては、特にティグライ地方では、彼の統治下にはいなかった。

　アフマド・アルガーズィとルブネ・デンゲルと彼の息子ガラウデオスの間で繰り広げられた権力闘争は、エチオピアの人民、文化、資源を消耗させた。エチオピアのキリスト教徒陣営が生き残り、エチオピアはイスラームの海に囲まれたキリスト教の島として描写されることになった。もちろん、この描写は正確なものではない。イスラームは常にエチオピア社会の特徴の一つであったことは確かであるが、アフマド・アルガーズィがキリスト教を基盤としたエチオピア国家に挑戦した最初で唯一のイスラーム教徒の統治者であった。

オロモとキリスト教国家の残存

　アフマド・アルガーズィの戦死は、エチオピア史における分水嶺となった。エチオピア高地の大部分はキリスト教徒が居住し続けた。エチオピアにおける宗教と文化のアイデンティティが再び挑戦を受けることはなかったが、アフマド・アルガーズィとの消耗戦の後に再生したキリ

スト教王国はそれ以前とはいくぶん異なっていた。エチオピア王国は大地溝帯と東部高地に背を向け、高地の北西部に住むキリスト教徒のクシ系アガウとユダヤ教徒ファラシャの絶滅に乗り出した。

　エチオピア王国が資源の調達先を大地溝帯から青ナイル川沿いの交易ルートに変更したのには二つの理由がある。第一の理由は、青ナイル川交易ルートが大地溝帯沿いのそれと同じくらい利益をもたらしたからである。第二の理由はより重要な点である。それは、オロモが居住地域を急速かつ爆発的に拡大させたからである。オロモは、大地溝帯だけでなく西部高地と東部高地にも占領地を広げていた。オロモによる挑戦は人口学的なものであり、エチオピア王国の政治的・イデオロギー的な基盤に対するものではなかった。さらに、オロモは征服した諸集団の宗教と文化にすぐに適応した。西部高地に定着したオロモの大多数はキリスト教を取り入れ、東部高地に定着したオロモの大半はイスラームを受け入れた。オロモはイスラームとキリスト教に独自の信仰体系を融合させることでそれらを豊かにした。オロモは西部高地におけるキリスト教王国と東部高地のイスラーム諸侯国の間に裂け目を設けた。東部高地やハラール（イスラームの古都）が西部高地に併合されたのは1880年であった。

　オロモが東側をうまく防衛してくれたので、エチオピアのキリスト教王国は西部への拡張を始めた。青ナイル川交易ルートを征服しようとするキリスト教王国の野望は15世紀に遡るが、大地溝帯沿いの交易ルートを失った後に、征服に向けた勢いが強まった。北部と西部の高地の大部分（ベゲムデル、セミエン、ゴッジャム）はアガウとファラシャの支配下にあった。エチオピアの1550年以降、1630年代にゴンダール（ファラシャの中心地）に都が創設されるまでの歴史は、征服と全滅が繰り返される戦争の連続であった。アガウとファラシャは、自立を求めて戦ったものの、キリスト教王国に征服された。アガウは手ごわいライバルとみなされたのに対し、ファラシャは征服し改宗させるべき正当な敵として認識されていた。しかし、征服を動機付けた最も重要な要素は青ナイル川流域の交易ルートの支配であった。

バチカンの介入

　エチオピア王国が、アガウとファラシャの征服に力を注いでいた頃、新たな敵が立ち現れた。それはバチカンとポルトガルであった。第3章で、エチオピア王国がポルトガルからの援軍を得てアフマド・アルガー

ズィらイスラーム教徒勢力を撃退したと述べた。その後、ポルトガルと
バチカンは、援軍派遣の報酬を要求してきた。バチカンは、1540年に
創設されたイエズス修道会に、エチオピアでカトリックを布教する権限
を与えた。アフマド・アルガーズィとの戦争で生き残ったポルトガル人
たちは、キリスト教徒のエチオピア人をキリスト単性論信仰からカト
リックに改宗するための長期にわたる作戦に動員された。

　エチオピアの政治・宗教指導者たちは、ポルトガルの重要な役割を認
識しており、彼らに多大な便宜を図っていた。イエズス会はカトリック
信仰を伝道することを許され、エチオピアの貴族層において目覚ましい
成功をおさめていた。エチオピア史におけるイエズス会の時代（1543〜
1632年）については、モルデチャイ・アビルが見事にまとめているが、
まだ十分明らかになっていない。

　ルブネ・デンゲルの息子ガラウデオスは、ポルトガルとバチカンから
の要求への対応を迫られた初のエチオピアの統治者であった。ポルトガ
ルの援軍派遣の見返りとしてカトリックへの改宗を要求されたガラウデ
オスは、「カトリックへの改宗が援軍派遣の条件ではなかったはずであ
る」といって拒否した。彼はさらに、カトリックとエチオピアのキリス
ト教の間の相違を明らかにするための文書を作成した。だが、彼に続く
王たちは、彼ほど筋が通ってはいなかった。ペドロ・パエス・ハラミヨ
司教の賢明な外交的指導力のもとで、イエズス会は王ザデンゲル（在位
1603-04年）をカトリックに改宗させることに成功した。彼は改宗する
ことと引き換えに、スペイン・ポルトガル軍からの助力を求めたのであ
る。エチオピア正教会はすぐに反応した。エチオピアの王は破門され、
王を異教徒とみなしたエチオピアの領主たちとの戦いのなかで殺害され
た。やがてイエズス会は王の信仰心を獲得することがエチオピア正教会
とその信者の信仰心を手に入れることにはつながらないことに気付いた。

　エチオピアを内戦に陥れたのは王ススネヨス（在位1607-32年）であっ
た。知的で有能な指導者であったススネヨスは、イエズス会を介して
ヨーロッパの宗教と文化を取り入れることによってエチオピア社会を発
展させようとした支配者として語られる。ススネヨスもまた、カトリッ
クに改宗すれば、スペイン・ポルトガルから軍事的・技術的支援を得る
ことを約束されていた。イエズス会がこの約束を果たしたのかどうか、
については十分検証されていない。それでもススネヨスは、スペインの
フィリペ４世とバチカンの教皇パウロ５世に対して、兵力と熟練工に加
え、カトリックに改宗したことを告示するための司祭の派遣を書面で要

請した。ススネヨスは、ゴッジャムの大部分を占領したオロモを撃退させるための兵力が必要であったのだ。

　当初、ススネヨスは公式にカトリックに改宗せずに、エチオピア正教会における神学上の基盤を変えようとした。ススネヨスが、エチオピア正教会が重要としている実践を非難・禁止する布告を出すと、エチオピア正教会は王国内で反カトリック運動を展開した。ススネヨスに対する最初の反乱は1618年に起きた。ススネヨスは蜂起を鎮圧し、エチオピア人大司教アブナ・シモネを殺害した。ススネヨスは、改革を推進するためにはカトリックとヨーロッパからの支援が不可欠だと固く信じていたとされる。

　1625年、ススネヨスは公式にカトリックに改宗し、エチオピアの教会における教義、伝統、慣習を変えようとし始めた。彼に従う者たちは、カトリックの導入の障害になるとみなされた人々を意のままに罰し、追放することを認められた。ファレンジ〔カトリックの意〕の宗教に抵抗する運動は次第に広がりを見せるようになった。ススネヨスの唯一の支持者は弟のゴッジャム領主であった。イエズス会の助言に従って、ススネヨスはエチオピア正教会に対する圧力を強め、エチオピアにおける「異教徒的でユダヤ人的」な慣習を廃絶するための作戦に着手した。

　ススネヨスに対する反乱は1618年以来各地で発生し、おさまる様子はなかった。その最前線にいたのがラスタ地方のアガウの人々であり、ファレンジの宗教が拡大し、彼らの慣習、教義、伝統が変えられることに反対した。1632年に、反カトリックで連合を組んだエチオピアの領主たちがススネヨスに対して起こした最後の戦いでは、双方に甚大な人的損失が生じたため、ススネヨスは改革の手段として外来の宗教を利用することは失敗であることにようやく気付かされた。彼は退位して息子ファシラダス（在位1632-67年）に王位を譲り、ファシラダスは即座にエチオピア正教会のキリスト教単性論を復活させた。ススネヨスとイエズス会の司祭たちは、エチオピア正教会を形作ってきた実践と慣習の重要性と同様に、モルデチャイ・アビルがエチオピアにおける教会と文化の相互関係と呼ぶものを十分認識することができなかったのである。

　エチオピア人をカトリックに改宗させようとするイエズス会の試みによって、ファレンジ〔全ヨーロッパ人を指す言葉〕について苦い記憶だけが残った。エドワード・ギボン（ギボン 1996: 216）が一千年の眠りと呼んだように、イエズス会にまつわる記憶によってエチオピア人たちは改めて孤立を選択する決意を固めた。エチオピア人たちは約200年にわた

りヨーロッパを忘却することにしたのだ。

ファレンジの追放、エチオピア正教会の復興、青ナイル川流域の交易ルートの支配によって、文化復興が起きた。ゴンダールには、エチオピア王国の首都が置かれた。実は、これは特筆すべき出来事であった。〔ソロモン朝が復活した〕13世紀後半以降エチオピアの歴代王は定まった首都を持たなかった。彼らは、王国内を転々と移動しながら、臣民の忠誠を確保していた。歴代王は宮廷と直属の教会を引き連れて移動を続けた。エチオピア王国の首都は、王と宮廷が陣営を設けた場所であった。季節や当面の政治課題に応じて、宮廷の陣営がとても大きくなることもあった。10月から5月までの期間〔乾季〕は、軍事遠征を行うことが可能であり、5万人もの従者を従えていた。しかし17世紀になると、青ナイル川流域の交易がもたらす物流や収益によってゴンダールは王国の常設の首都となることができた。

常設の首都を拠点にエチオピアを統治するには、辺縁地域にまで支配が行き渡るように強力な中心と統治システムが必要であった。〔ファシラダスがゴンダールを都と定めた〕1632年から〔地方領主が割拠し始める〕1760年まで、エチオピアの歴代王はなんとか王国を統治することができた。統治下にあった地域は、それ以前ほど広大ではなかったが、比較的均質的であった。しかし、18世紀中頃には北部と北東部の地方ではゴンダールの優位性に対抗する勢力が台頭し、ゴンダールを都とする王国は、青ナイル川交易を支配下に置くことができなくなった。ティグライとウォッロの両地方は、紅海南部の交易が復活したことで有利となり、ゴンダールとその支配下の青ナイル川交易に対抗し始めた。

1760年以降、エチオピア王国は三つの権力圏に分断された。ゴンダールは青ナイル川交易を支配し続け、アドワを主要都市とするティグライは紅海南部の交易を利用し、外国製武器の輸入において有利となった。ウォッロは大地溝帯沿いの交易を利用した。

強力な地方勢力の台頭を抑えられなくなった王イヨアス1世は、ティグライの領主を王国の長官に任命した。ソロモン朝の血統は残存したが、1769年から、テオドロス2世が〔諸王を抑えて皇帝として〕台頭する1855年までの「士師の時代」、実質的な権力は地方諸侯が握っており、彼らは王／皇帝の去就も意のままにできた。皇帝の地位自体は存続したものの、担っていた役割は儀式的なものにとどまった。実権は長官たち、すなわち地方の諸侯たちの手に握られていた。

オロモの世紀：1784〜1855年

　1784年から1855年まで、エチオピアにおける事実上の統治者はウォッロ地方中部のイェジュ・オロモであった。〔歴史学者〕シフェラウ・ベケレが指摘しているように、この時代はオロモの世紀である（Shiferaw 1990）。王国内のほかの地域の人々は、オロモの新しい統治体制に不満を表明し、イェジュ・オロモの多くが改宗して間もないので、名ばかりのキリスト教徒に過ぎないとして非難した。しかし、オロモはかなり効果的に統治を行った。彼らは教会を建設し、王国の法と慣習に従って公正な国家運営を行った。エチオピアでは、オロモの世紀は比較的安定しており、むしろオロモの統治を倒して皇帝となったテオドロス２世（在位1855-68年）の恐怖政治の時代の方が治安は悪かった。

　オロモの世紀については２点述べておく必要がある。第一に、最初のオロモ指導者であったラス・アリー１世は、ベゲムデルの貴族層からの全面的な支援を得て権力の座についた。〔ソロモン朝の〕皇帝テクレギョルギス２世（在位1777-82年）は、ベゲムデルの人々に税を課した。だが、当地の貴族層と自由農民たちは、自分たちが税を納める代わりに帝国軍に兵力と食料を提供しているとして、免税措置を皇帝に陳情した。そして、彼らは皇帝が伝統に則って統治するべきであり、そうすればこそ帝国システムに対する忠誠を保持し続けると約束した。だが、それに対して皇帝は、皇帝の権力とは皇帝の好きなように権力を行使することを意味するとして彼らの陳情を却下した。そこで、ベゲムデルの貴族と自由農民たちはラス・アリー１世に接触を図った。２日間にわたる会合の後、ベゲムデルの人々とラス・アリー１世は次のような行動に出ることで合意した。ベゲムデルの人々は、帝国の統治体制を放棄し、彼らが選出し承認した統治者の手に統治を委ねること。ラス・アリー１世の方は、ベゲムデルの人々の合意を尊重することに賛成し、自らが同輩中のリーダーに過ぎないとした。

　ベゲムデルの人々の決議を耳にして、皇帝テクレギョルギス２世は次のように答えたといわれている。「おお、ベゲムデルの人々よ。あなたたちが兄弟である私よりもイェジュ出身のガッラ（オロモを意味する蔑称）を選んだのなら、私は構わない」。そして、皇帝は退位し、余生をアクスムで過ごした。ラス・アリー１世は、1784年から1788年まで統治した。

　エチオピア人、特にベゲムデルの人々はそれまでよりも民主的な統治

の形式を模索し始めたのである。18世紀末、欧米諸国で台頭し始めていた模索、つまり神聖王権に反対する政治的言説が、エチオピアにおいても芽生え始めていたのは興味深い。本書はエチオピア史の概略を紹介するのが目的なので、これ以上深掘りするのは避けるが、エチオピア史におけるオロモの世紀の意義については、より広い観点から偏見を持たずに、さらに研究を深めることが必要であることは確かである。

オロモの世紀について特筆すべき第二の点は、16世紀から19世紀までのエチオピア王国において、ティグライよりもオロモの方が支配していた期間が長かったことである。ティグライ地域は13世紀後半以降、王を輩出していない。エチオピア政治においてティグライが台頭してくるのは18世紀末になってからである。ティグライの領主ラス・ミカエル・サフルが、〔ソロモン朝の王から支配権を奪い〕政治権力を掌握できたのは紅海交易の隆盛によるところが大きい。ティグライが輩出した二人目の権力者は皇帝ヨハンネス4世であった。彼が権力を掌握したのも、前皇帝テオドロス2世によって人質にされたイギリス人の一行を救出するためにエチオピアに派遣されてきた〔ネイピア将軍率いる〕イギリス軍から武器供与を受けたことによるところが大きい。それに対して、オロモは68年間にわたり、中断されることなくエチオピアを統治した。

エチオピアにおけるオロモの統治者

ラス・アリー1世	1784〜1788年
ラス・アリガズ	1788〜95年
ラス・アスラトとラス・ウォルデガブリエル	1795〜1800年
ラス・ググサ	1800〜25年
ラス・イマム	1825〜27年
ラス・メリエ	1827〜30年
ラス・ドリ	3か月
ラス・アリー2世とその母メネン	1830〜53年

オロモの世紀は、アムハラの反乱分子であったサハレデンゲルが1855年に権力を奪取し、皇帝テオドロス2世として即位したことで幕を閉じた。エチオピアはヨーロッパとの関係が途絶していた。ヨーロッパ側がエチオピアとの外交の扉をこじ開けたのか、それともエチオピア側がヨーロッパ人を招き入れたのか、については議論の余地がある。テ

オドロスの視点からは、エチオピア王国は二つの勢力から脅威に晒された。一つは、ゴッジャム方面から圧力を強めていたオロモである。もう一つは、1840年代以降ナイルの源流域を支配下に置くという野望を抱いていたエジプトである。

　テオドロスは、イギリス人の友人やアドバイザーの見解に関心を寄せ過ぎたという点において近代主義者だった。彼はヨーロッパ、特にイギリスに対して、イスラーム教徒である〔オスマン朝配下の〕エジプト人に対する戦いにおいて同盟を結ぼうと訴えかけた。彼はエチオピアの多くの統治者同様、同じキリスト教徒であることによりヨーロッパのキリスト教国の統治者たちから武器や技術支援を得られると単純に信じていた。テオドロスは、エチオピア正教会の財産を没収することで敵に回し、地域の諸侯の権力と権威を傘下に治めることに躍起になっていた。

　テオドロスは、イギリスに友好的な同盟関係と支援を要請したものの無視されたことでイギリスに憤慨し、エチオピアに滞在していたイギリス人領事と全ヨーロッパ人を幽閉した。10年に満たない統治下で、テオドロスはエチオピア正教会、地域諸侯とイギリスを敵に回した。イギリスとの対立は、1868年に決定的転機を迎えた。イギリスは自国民の領事とヨーロッパ人たちを解放するために、前代未聞の規模の軍隊を派遣してきた。イギリスのアビシニア遠征軍はロバート・ネイピア将軍指揮の下で、３万2,000人の兵力と象部隊を動員し、最新の戦争装備に加え、鉄道を敷設した。イギリス軍のエチオピア侵攻は、各地の諸侯たちが皇帝テオドロス２世の統治を嫌ってその統治体制を倒すためにイギリス軍に協力したため、順調に進んだ。イギリス軍は、エチオピア諸侯から見捨てられた皇帝と、皇帝の要塞基地が置かれたマクダラで、直接対決した。テオドロスは、根拠薄弱な理由で何千ものエチオピア人を殺害してきたものの、拘束していたヨーロッパ人たちは解放し、イギリスが彼の身柄を拘束する前に銃で自害した。こうして彼の死によって、統治の失敗は覆い隠されてしまったのである。

　イギリスは捕囚されていたヨーロッパ人たちを救出した後もエチオピアにとどまった。この頃、イギリスがアフリカの植民地化に本格的に取り組んでいなかったことはエチオピアにとって幸運であった。テオドロスは、ほかのどのエチオピアの統治者よりも、イギリスに植民地化される可能性を与えてしまった。一旦エチオピア高地に拠点を置いてしまったら、イギリスはすでに効果が実証済みの分断統治を導入してエチオピアを統治したであろう。しかし、イギリスはそうしなかった。アフリカ

争奪はまだ始まっていなかった。イギリス勢は母国に帰還する際に、エチオピアにおける支援者に報償を与えた。その一人にティグライの統治者がいる。イギリスから与えられた武器を使用して、彼はエチオピアにおいて最強の皇子として台頭し、皇帝ヨハンネス4世（在位1872-89年）として即位した。

参考文献

Bahru Zwede
2001 *A History of Modern Ethiopia, 1855-1991*, 2nd ed., Oxford: James Currey.

Battaglia, Roberto
1958 *La Prima Guerra d'Africa*, Torino: Giulio Einaudi editore.

Caulk, Richard
1986 "'Black snake, white snake': Bahta Hagos and his revolt against Italian overrule in Eritrea, 1894" in D. Crummey(ed.), *Banditry, Rebellion and Social Protest in Africa*, London: Heinneman.

Erlich, Haggai
1996 *Ras Alula and the Scramble for Africa, A Political Biography: Ethiopia and Eritrea 1875-1897*, New Jersey: The Red Sea Press.

Gebre Selassie
1967/8 *Chronicle of Emperor Menelik* II, *King of Kings of Ethiopia* [Amharic], Addis Ababa: Artistic Printing Press.

Hiruy Welde Selassie
2006 *Ethiopian History: From the Reign of the Queen of Sheba up to the Great Victory of the Battle of Adwa* [Amharic], Addis Ababa: Central Printing Press. (first written, 1927-28, Ethiopian calender and republished in 2006, Ye Etiopia Tarik (History of Ethiopia).

Marcus, Harold
1994 *A History of Ethiopia*, Berkeley: University of California Press.

Minale Adugna
2001 *Women and Warfare in Ethiopia*, Addis Ababa: Organization for Social Science Research in Eastern and Southern Africa.

Prouty, Chris
1986 *Empress Taytu and Menelik I: Ethiopia, 1883-1910*, Trenton, NJ: Red Sea Press.

Rubenson, Sven
1976 *The Survival of Ethiopian Independence*, London: Heinemann.

Shiferaw Bekele
1990 "The State in the Zamana Masafenti, 1786-1853: An Essay in Reinterpretation," in *Kasa and Kasa*, edited by Taddese Beyene, Addis Ababa: Institute of Ethiopian Studies.

Tekeste Negash
1998 "Adwa and the History of Eritrea: Some Issues of Periodization," in Abdusaamad, H. Ahmad, Richard Pankhurst, eds., *Adwa. Victory Centenary Conference, 26 February- March2, 1996*, Addis Ababa: Institute of Ethiopian Studies.

Tekle Tsadik Mekuria
1968 [Amharic], Addis Ababa: Berhanena Selam Printing Enterprise.

眞城百華
2009年「イタリアによるエチオピア保護領化の試み（1889年）」『世界史史料　第8巻』（歴史学研究会編）、岩波書店、pp. 281-283。

第5章

シルヴィア・パンクハースト

――ファシズムとエチオピアの独立

シルヴィア・パンクハーストは、イタリアのエチオピア侵攻後にイギリスに亡命した皇帝ハイレセラシエが1941年にエチオピアに帰還するのに大きな貢献を果たした。ファシスト政権下のイタリアによる支配を受けていたエチオピアの解放を唱えていたシルヴィア・パンクハーストはさまざまな方法で皇帝を内外の敵から庇い、皇帝が無事に帰還できるように力を尽くした。

シルヴィア・パンクハーストとはどのような人物だったのか

　シルヴィアは1882年にイギリスのマンチェスターで生まれ、1960年にエチオピアの首都アディスアベバで死去した。死後、彼女はエチオピア正教会の聖十字架聖堂の墓地に埋葬され、典礼語のゲエズ語で「キリストの娘（ウェレテ・クリストス）」という名前を授かった。

　パンクハースト一家は、イギリスにおける女性の参政権を要求する政治運動（サフラジェット運動）を牽引した。一家は、エメリンとその夫リチャード・マースデン・パンクハーストと3人の娘たち、クリスタベルとシルヴィア、アデラからなる。母エメリンと姉クリスタベルは1917年に女性参政権が原則として認められた時にサフラジェット運動から身を引いたが、シルヴィアはその後も社会主義活動家として政治運動を続けた。

　シルヴィアは、女性参政権のみならず、貧困層の生活権のために戦った。彼女は貧困層のなかでも特に困窮している人々、とりわけシングルマザーや失業者の権利擁護を訴えた。彼女は20世紀初め、労働党の設立者たちと連携しながら活動した。1908年から1916年まで展開されたサフラジェット運動がどのくらい激しいものであったかを十分に把握することは難しい。それは当時、比較できるような社会運動がなかったからである。1908年6月パンクハースト一家に率いられたサフラジェット運動は、25万人の女性（男性も含まれた）が参加する女性参政権要求のデモをロンドンで実施した（Harrison 2012: 144-147）。デモはさほど珍しい実践の形態ではなかったが、当局からの大規模な弾圧にあったため、サフラジェット運動は否応なく計画的な破壊行為とハンガーストライキという戦法に切り替えざるを得なかった。最初は女性社会政治同盟（The Women's Social and Political Union：WSPU）のもとで、そしてのちに東ロンドン・サフラジェット連盟（The East London Federation of Suffragettes：EELFS）のもとで、何千人もの女性たちが公共財産を組織的に破壊する

行動を開始した。首相官邸があるダウニング街10番地での破壊行為を皮切りに、与党トーリー党の指導者たちが保有するビルを含めた公共施設が破壊された。数千人もの女性たちが投獄され、シルヴィアを含めた数百人もの女性が抵抗しハンガーストライキを実施した。1914年の2月から6月の間にシルヴィアは9回も投獄され、その度にハンガーストライキを実施した（Harrison 2012: 234）。そのため当局は、やむを得ず彼女を釈放するか、あるいは強制摂食させた（Harrison 2012: 210-211）。サフラジェット運動では何百人もの人々が進んで犠牲となった。献身的な闘士であったシルヴィアは、共に戦った同朋たちに多くの要求を突きつけたが、自らにも多くの苦行を強いた。彼女の息子リチャード・パンクハーストも、母シルヴィアが50代後半の頃、徹夜で仕事をして朝まで机に向かっているのを見たことが度々あったと回想している。

　彼女の伝記を執筆したシャーリー・ハリソンによると、1917年以降、シルヴィアは共産主義、反人種主義、反植民地主義、そしてのちに反ファシズムの立場から、国際舞台で重要な役割を果たすようになった（Harrison 2004: 286-376）。シルヴィアは査証なしで秘密裏に、すなわちイギリス政府当局に知られることなくロシアやイタリアを訪れた。彼女は1919年夏、ボローニャで開催されたイタリア社会党の会合に出席し、そこで身をもってファシストたちが民主主義や人々の自由を脅かす危険な集団であることを知った（Harrison 2004: 294）。彼女はイタリアにおけるファシズムの台頭について精査するなかで、ファシストが実権を握るために政敵を次々と殺害した事実を知った。彼女は、ヨーロッパの安全保障においてファシズムがいかに危険であるか、そして、社会主義と社会福祉の大義がいかに重要であるかを初めて主張した人物の一人であった。

　1920年代以降、シルヴィアは、ヨーロッパはじめ世界の平和にとってファシズムとナチズムがいかに危険であるかを世に知らしめることを目指すようになった。シルヴィアは1900年代初頭以来関わってきたイギリスの政界において、ファシズムに反対する活動家として活躍するようになった。彼女は、ヨーロッパ外交の舞台におけるイギリス政府の施策を逐一監視し、各政権に対する批判をためらうことなく糾弾した。ファシズムの破滅とエチオピアの主権回復は、1935年から1950年代中庸にかけて彼女の活動の中核を占めることになる。

アドワの戦いからイタリア・ファシスト政権の侵略まで

　エチオピア史におけるシルヴィア・パンクハーストの重要性を理解するために、第一次イタリア・エチオピア戦争の影響と、その後の北東アフリカにおける植民地勢力とエチオピアに関連して生じた出来事を振り返る必要がある。

　この戦争は1896年に〔エチオピア北部にある現在のティグライ州〕アドワで〔エチオピア側が〕勝利したことで終結し、その結果、主たるヨーロッパ列強はエチオピアの独立を承認した。イギリス、フランス、イタリアは1897年にアディスアベバに大使館を開いた。その後すぐに、アメリカ合衆国が通商代表団をエチオピアに派遣し、1905年にドイツがそれに続いた。1900年の時点で、アフリカ大陸において独立を維持した国は、リベリアとエチオピアだけとなった。

　アドワの戦いの勝利によってエチオピアの独立は承認されたが、現在のエリトリアは依然としてイタリア支配下にあった。1896年10月に締結されたアディスアベバ条約において、イタリアが1894年12月の戦争開始前に占領していた地域（現在のエリトリア）にイタリア人が留まることは良しとされ、古くからエチオピア帝国の一部とされてきたティグライのかなりの領域がイタリアに割譲された。エチオピアとエリトリアの国境はその後締結されたいくつかの合意によって画定された。

　多くのエチオピア人、特にエリトリアに住むエチオピア人は、アディスアベバ条約とその後の一連の合意にいくつもの欠陥があると指摘してきた。1905年までに、エチオピアを取り巻くヨーロッパ列強——イギリス、フランス、イタリア——は、アフリカの植民地統治者として共通の利害を認識し始めていたため、それまでよりも立場が強くなっていた。皇帝メネリク2世の近代化に向けた取り組みにより、エチオピアはヨーロッパ諸国に支配された世界経済に組み込まれる過程にあるとみなされるようになっていたが、同時に植民地を有する国々の利益を脅かし得る存在ともみなされていた。1906年には、イギリス・フランス・イタリアの3か国はエチオピアを3分割する条約を締結した。

　エチオピアの独立は正式に承認されたが、1906年の条約は、この国がいずれ三つに分割されることを示していた。イタリアは北部エチオピアを、イギリスはエジプトとスーダンに隣接する領域一帯、特に青ナイル川流域を、フランスは東部エチオピアをそれぞれ勢力圏とすることになった。エチオピア側の抗議は体よくあしらわれ、この条約締結以降、

エチオピアは独立と経済発展が危ぶまれるようになる。

　イギリスとフランス、そしてイタリアの３国は、第一次世界大戦において同盟関係にあり、当時、皇帝メネリク２世が後継者に任じた孫のイヤス５世（リジ・イヤス）が統治するエチオピアが３国と敵対するトルコ（オスマン帝国）とドイツと連携するのではないかと危惧していた。イヤスは1911年に権力の座に就いた時には弱冠16歳であった。イヤスは、メネリク２世によって任命された政策顧問の進言を軽視し、外交の中心地であるアディスアベバに常駐せず、外交について世間知らずであったため、ヨーロッパ外交団は彼を権力の座から追放することに利害の一致を見た。

　そしてついにイヤスは、皇帝としてあるまじき行動——イスラームに改宗したことなど——をとったと非難され、1916年９月27日に失脚した。その後、メネリク２世の娘であるザウディトゥが1917年２月11日に女帝として即位した。〔メネリク２世のいとこであるマコネンの息子〕タファリ・マコネンは、摂政（ラス）の称号を授かり、皇太子となり、1930年11月２日にザウディトゥが死去すると、その後継者として皇帝ハイレセラシエ１世となった。皇太子時代、ラス・タファリの権力は、皇帝ザウディトゥ治世下で幾分制限されていたが、彼はメネリク２世が手がけた近代化政策を慎重に推し進めた。彼はアディスアベバにおいてヨーロッパ外交団と良好な関係を結ぶことで、エチオピアの独立をまがりなりにも維持することに成功した。

　1923年、エチオピアはアフリカ初となる国際連盟への加盟を果たした。1924年にラス・タファリはヨーロッパを歴訪し、そこで彼とその随行団は手厚い歓迎を受けた。メディアと大衆からかなりの関心が向けられたが、この訪問はほとんど外交上の利益をもたらさなかった。本章の文脈にひきつけるならば、この「エキゾチック」なエチオピア外交団の訪問によって、エチオピアに対する関心が高まった。それは主にエチオピアの独特な文化と神話的なキリスト教の過去によるところが大きかったが、なかでもエチオピアで発見され1770年代にイギリスの手に渡った『エノク書』（本書は聖書と深いつながりがあったが、325年のニカイア公会議において排除された）の存在によって、さらにエチオピアへの関心が強まった。

　したがって、ラス・タファリの訪問は、アフリカの古代キリスト教王国としてのエチオピアのイメージを強化した。さらにエチオピア人は、彼らの王朝（ソロモン王朝）だけでなくエチオピア人自身も、イスラエ

ルの諸部族の子孫であり、聖杯と契約の箱が〔エチオピア北部ティグラ
イ州〕アクスムの聖マリア・シオン教会に保管されているという伝説が
真実であると主張し続けた。

　エチオピアはヨーロッパ列強の植民地に包囲され、列強はエチオピア
を分割する手はずを整えていたが、エチオピアの独立は保たれていた。
1920年代、ラス・タファリは一貫して、エチオピアが主権国家として
扱われることを要求した。しかしながら1922年にイタリアでファシズ
ムが台頭し、1933年のドイツでナチズムが台頭すると、ヨーロッパに
おいて抜本的な政治再編が行われた。1906年の条約に明文化されたイ
タリアとエチオピアの友好関係は危ういものになりつつあった。それで
も、1928年に締結された友好条約では〔紅海沿岸のエリトリアを占領下に
置いていた〕イタリアのファシスト政権は、エチオピアに海へのアクセ
スを許可することを約した。

　1920年代と30年代のイタリアは、1890年代のイタリアとは全く異なっ
ていた。アフリカ大陸の大半はイギリスやフランスにより植民地分割さ
れ、イタリアはヨーロッパにおける世界の植民地分割の動きから取り残
されていると感じていた。イタリアはエチオピアの一部〔エリトリア〕
を支配していただけだった。イタリアはエリトリア植民地から、エチオ
ピアで皇帝ハイレセラシエ1世〔ラス・タファリ即位後の名前〕が近代化
政策を推進するのを注意深く見守っていた。イタリアは、1930年のハ
イレセラシエの皇帝即位、1931年の新憲法発布、アディスアベバへの
中央集権化を、自らの勢力圏に対する侵害とみなした。エチオピアは緩
慢とではあるが着実に近代化への道を歩んでいた。イタリアのファシス
ト政権が人種主義と人種による世界の分断を訴えた時、独立国エチオピ
アの存在はイタリアに対する侮辱とみなされた。白人優位主義の理想を
掲げ軍事的暴力を用いることで、イタリアは1896年のアドワでの屈辱
的な敗北に対する報復を決意したのである。エチオピア全土を侵略する
ことによってイタリアは復讐を果たすと同時に植民地化を果たすことが
できると考えたのである。それにイタリアとしては、すぐにでもエチオ
ピアを侵略しなければエチオピアが自国の独立を防衛するために発展を
遂げてしまうのではないかという恐れもあった。

　1935年10月3日にイタリアは自国兵46万8,000人と、イタリア領のエ
リトリアとソマリから徴用した10万人ほどの兵員からなる部隊を創設
してエチオピアに侵攻した。それに対してエチオピア側はせいぜい20
万人の兵からなる部隊を送ることしかできなかった（Tekeste 1987: 52）。

数の上での優位に加え、イタリアは戦車数千台、毒ガスを搭載した爆撃機を数百機も備えていた。しかし、イタリア軍は規模の点では優位であったにもかかわらず、1935年10月から1936年3月初旬までは目覚ましい進展をおさめることができなかった。

　ハイレセラシエ1世は1930年に皇帝に即位してから、自国に関して難しい決断を下してきた。その一つが、イタリアの侵略者たちに対してどのような戦略をとるのかに関する決断であった。もう一つは、ゲリラ戦という戦法を用いて占領軍の勢いを抑えるという決断であった。これに賛同する多くの人々が、起伏の激しいエチオピアの地理的条件を知っていたので、この戦法が効果的であると確信を持っていた。そして三つ目は、国外に亡命政府を設けて、イタリアへの圧力をかけるように国際連盟に対し働きかけるという決断であった。皇帝はイギリス亡命を決行し、幸運なことにそこでシルヴィア・パンクハーストと出会った。彼女は、皇帝が自国の正義を訴える運動を展開するにあたり後ろ盾となるとともに、1941年にイタリア支配から解放されたエチオピアに正統な元首として帰還を実現するまで皇帝を支えたのである。

　1936年5月5日、イタリアはアディスアベバを陥落させた。その4日後、イタリアはエチオピアに対する勝利を宣言するとともに、イタリア領東アフリカ帝国の創設を発表した。同日、シルヴィアは週刊紙「ニュータイムズ・アンド・エチオピア・ニュース」第1号を印刷所に入稿し、同号は1936年5月9日に発行された。同紙は、その後20年間にわたり発行された。

イタリアによるエチオピア支配に対する
シルヴィア・パンクハーストの反対運動

　1930年から1934年までの間、シルヴィアは自身の政治活動に関する著作を上梓した。1冊はサフラジェット運動に関するもの（Pankhurst 1931）であり、もう1冊は銃後の国民に関するものであった（Pankhurst 1932）。しかし、イタリアが1934年12月にエチオピア侵攻を開始した時、シルヴィアは53歳にして、ファシズムに対する非難の声を上げ、その犠牲となった国の人々のために身を挺する意思を固めていた。

　シルヴィアは反ファシズムの立場から、エチオピアの権利を擁護した。シルヴィアのエチオピアとの強いつながりは、ファシズムがヨーロッパ文明の土台を揺るがす、むき出しの恐怖のシステムであるという認識に

よるものであるという点を押さえておく必要がある。

　シルヴィアはイタリアの政治と文化の歴史に精通していた。1932年に彼女は「女性国際マッテオッティ委員会」として知られる反ファシズム同盟を設立した（Harrison 2012: 235）。これは1924年6月にファシストたちによって殺害されたイタリアの国会議員ジャコモ・マッテオッティにちなんで名付けられた組織である（Dodd ed. 1993: 205）。彼女のイタリアとファシズムに関する知識は、1954年に亡くなるまで人生のパートナーであった反ファシストのシルヴィオ・コリオとの親密な関係により深まった。

　エチオピアにおけるイタリアの政策に関してシルヴィアが初めて執筆した記事は、1935年2月2日に公刊された。これはイタリアによるエチオピア侵攻が開始される8か月ほど前にあたる。イギリスや同盟国の強い反対がなければ、ファシズムがナチズムと結託して新たな戦争を始めるのではないかと彼女が考えていたことは間違いない。

　1935年から1936年にかけて、イタリアが首都アディスアベバを占領し、皇帝ハイレセラシエがイギリスに亡命するまで、シルヴィアはイギリス中の新聞社に手紙を送った。同時に数え切れないほどの手紙を政治家や有力者に送りつけ、この問題に注目し行動を起こすように訴えた。それは、サフラジェット運動の時と同様のやり方であった。彼女は知名度が高く、ウィンストン・チャーチル（元英首相：在任1940-45年、1951-55年）、アンソニー・イーデン（元英首相：在任1955-57年）、アーネスト・ベヴィン（英国の労働党の重鎮）、カンタベリー大司教、ヨーク大司教などとも面識があった（Pankhurst 2003: 28-94）。つまり、シルヴィアは、編集者としても政治活動家としてもヨーロッパ政治の表舞台において名高いプレーヤーであった。世論を動かす力を持っていた彼女は、自分が何をするべきでどうすればそれが実現できるか、よくわかっていた。

　それまでの政治活動の経験から、シルヴィアはプロパガンダ（宣伝活動）が重要であることを学んでいた。彼女が創刊した週刊紙は女性解放運動の推進に大いに役立った。1935年12月半ばまでに彼女は、ロンドンのエチオピア大使館に対して、自分たちの主張を宣伝するための新聞を発行すべきであると提言した（Harrison 2012: 349）。イギリスを含むヨーロッパ全土でファシストを擁護する動きが広まる事態を目の当たりにした彼女は、エチオピア人たちが自分たちの主張を実現するためにはプロパガンダが是が非でも必要であると気付いていた。

　彼女はエチオピア大使館に、新聞などによるプロパガンダが必要であ

第5章　シルヴィア・パンクハースト──ファシズムとエチオピアの独立

り、自身がその発行に力を貸す意向があることを申し出た。彼女は
1935年12月8日にイギリスの外務大臣ホーアとフランスの首相ラヴァ
ルの間で結ばれた秘密協定（ホーア＝ラヴァル協定）について触れ、こ
れがもし履行されれば、イタリアはエチオピア北部を征服するだけでな
く、他の地域をも保護領とする可能性があると告げた。皇帝は、その地
位にとどまるとしても、イタリアの監督下に置かれると目された。ホー
ア＝ラヴァル協定は、国際連盟の理念に反する内容であるとして民衆の
間に抗議が沸き起こった。同協定に対する世論の反対があまりに強かっ
たため、10日後には廃案となり、サミュエル・ホーア卿は外務大臣の
地位を追われた。シルヴィアの観点からすると、同協定の廃案とホーア
外務大臣の辞任は正義に訴えたプロパガンダの成果であった。
　当時ロンドンのエチオピア大使であったチャールズ・マーティン博士
にシルヴィアは以下のように手紙をしたためている。

　　イギリスの新聞社の多くがホーア＝ラヴァル協定案に対して
　異議を唱えたのは、読者が新聞社宛に手紙を送り続けたからで
　す。このことは新聞各社も認めていることです。国を動かした
　のです。国を動かすことができるのはプロパガンダによっての
　みです。なぜなら世界で起きている不正義の多くが水面下で行
　われているからです。(Pankhurst 2003: 22)

　しかし、エチオピア大使館には、エチオピアの大義を守るために新聞
を発行する財源も人材もなかった。1936年4月初めに、シルヴィアは、
エチオピアの大義をあきらめるか、あるいは自らにその役割を課すか、
いずれかを選択せざるを得ないことがわかった。彼女はエチオピアを
ファシズムから援護するために、週刊紙ニュータイムズ・アンド・エチ
オピア・ニュースを発行することに決めた。彼女は新聞発行の理由を以
下のように述べている。

　　ニュータイムズ・アンド・エチオピア・ニュース紙は、エチ
　オピアの機運が最も低迷している時、代弁者と友人が最も必要
　である時に世に出た。
　　我々は、エチオピアの直面している難局が深刻であることは
　わかっている。しかし我々は怯まない。これらの難局は乗り越
　えられると信じているし、確信もしている。エチオピアをめぐ

る問題は、国際的な正義を求める問題と密接に関わっている…。

　我々はエチオピアの友人として、エチオピアの数千年にわたる独立を脅かす攻撃に対して断固たる抗議を行う。エチオピアの無防備な村々への爆撃、毒ガスの使用などによって、何千人もの罪のない女性や子供たちが苦しみながら死んでいる。我々はエチオピアに対して行われているそうした非道な残虐行為を強く非難する。(Pankhurst 2003: 22)

　後に、1937年に〔イタリアによるエチオピア占領が完了し、国際連盟がそれを承認することで〕エチオピアの独立という大義が失われそうになった際、シルヴィアは〔国際連盟の重鎮ロバート・セシル卿に宛てた書簡において〕、「(自分は) 問題が正しく解決されない限り、問題は何も解決していないと考えています。私が思うに、この国に生きる我々はエチオピアの独立を回復するために活動を続けなければならない重い責任を負っているのです」(Pankhurst 2003: 65) と書いている。

　ニュータイムズ・アンド・エチオピア・ニュース紙は、エチオピアの大義を擁護する主要な媒体となった。エチオピアの公式見解はすべてこの新聞を通じて世界に伝えられた。また同紙は、エチオピア国内でファシストたちが犯していた残虐行為やエチオピア人による抵抗についても掲載し、新しい角度からエチオピアとその文明を描写する役割を果たした。シルヴィアは幅広い分野の文献を渉猟し、エチオピアの歴史や文化に関する論文や冊子を刊行しており、怯まないエチオピア像を描き続けた。ニュータイムズ・アンド・エチオピア・ニュース紙は、エチオピアの数千年に及ぶ歴史、文明、文化に関する主要な情報源となった。これは、反ファシズム、反植民地主義の立場に立つものとして、当時のイギリスで出版された希少な新聞の一つであった。同紙は1万部程度印刷され、世界中、特に大英帝国各地に送られ無料配布された（Harrison 2012: 355)。シルヴィアは、新聞報道を読んで情報を抽出し適確にコメントを行う能力に特に長けていた。彼女は、〔パートナーであった〕シルヴィオ・コリオの協力を得て、そして1948年以降は息子リチャードも加わって活動を続けた。彼らの貢献は実に驚くべきものであった。

シルヴィア・パンクハーストと皇帝ハイレセラシエ

　シルヴィアがイタリアのファシスト政権によるエチオピア支配に対して反対運動を推進するようになったのは、エチオピアの皇帝ハイレセラシエがロンドンに亡命してきたためでもあった。彼は（若い頃エチオピアで）フランス人司祭の指導を受け、フランス語は流暢であったとされるが、英語については5年間の居住経験を経た後も苦手であった。ではなぜ彼はフランスではなくイギリスを亡命先に選択したのだろうか。それは、彼がシルヴィア・パンクハーストや彼女の反ファシズム運動について聞き知っていたからであると推測できる。

　1936年6月3日に皇帝がロンドンに到着した時には、すでにニュータイムズ・アンド・エチオピア・ニュース紙は刊行を開始していた。シルヴィアは当時10歳であったリチャードとともに、彼を出迎える人々のなかにいた。皇帝がロンドンに、そして後にバースに移った頃には、同紙はエチオピア問題を擁護する主要な新聞となっていた。シルヴィアにとって、エチオピアはファシズムの犠牲者であり、皇帝ハイレセラシエこそがエチオピアの合法的な統治者であった。彼女からすると、数千年もの歴史と文化を持つ王国であり、国際連盟の加盟国でもあるエチオピアを侵略する権利がイタリアにあるとは思えなかった。彼女が関心を抱いていたのは、その統治者というよりエチオピアという国自体に対してであった。

　シルヴィアの見解からすると、ハイレセラシエはまさに国を象徴する人物であった。彼女は皇帝に対して、君主制には反対するが、ファシズムの犠牲者であるので、彼と彼の国を支援すると告げた。しかし、時が経つにつれてシルヴィアは皇帝に対して個人的に親近感を抱くようになった。

　シルヴィアは1936年6月3日に初めて皇帝ハイレセラシエと会ってインタビューを行い、1週間後にはその内容を新聞に掲載した。最初のインタビューを振り返って彼女はその時の印象を次のように語っている。

　　皇帝は、誰もが感銘を受ける丁重な上品さでもって私を迎えてくださった。その吸い込まれるような瞳には、決して意思を曲げない英雄の燃えさかる炎があった。彼の立ち居振る舞いにはあらゆる特徴が読み取れる。美しく熱意あふれる手からは、私的な野心や富・安寧を求める物欲に汚されず人々の福利のた

めに労を厭わない労働者としての性格が見て取れる。

　彼が味わった精神的な苦悩、身体的苦痛、やるせなさは、群衆のなかでお見かけした時よりも直接会ってインタビューをした時の方が、はっきりと感じられた。（NTEN, June 10, 1936）

　1936年7月25日に行われたインタビューについて、シルヴィアは次のように書いている。

　エチオピア国民に対する彼の深い悲しみと懸念は、最初から最後まではっきりと見て取れたが、皇帝のお身体の健康状態はワージンブ（イギリス南部の海辺の町）に滞在されるなかで大幅に改善されたようである。酷い戦況は、その最たるものは終わったかもしれないが、重い負担となってのしかかったものの、彼の身体に癒えない傷痕を残したわけではないようだ。彼は細身ながら屈強で機敏であり、今人生の真っ盛りにある。彼は国と国民が直面している難題を解決するために全心血を注ぐ能力を備えている。（NTEN, July 25, 1936）

　その時以来、イタリアが第二次世界大戦に突入するまで、シルヴィアは何度もハイレセラシエと面会した。彼女は皇帝について思ったことを新聞や知人への手紙に記した。特に国会議員の友人に宛てた手紙に彼女の考えが最もよく表れている。これらの手紙は1940年に書かれ、その頃シルヴィアと皇帝の知己は4年目を迎えていた。

　私は1940年6月23日（日）に皇帝に接見しました。皇帝にイギリス政府と接触があったかとお尋ねすると、彼は「いいえ」と答えました。私は彼に接触するように勧めましたが、彼はイギリス政府の方から彼に連絡をしてくるべきだと答えました。拒絶されることを恐れていることは確かです。私は彼に誰か代表者を送るように勧め、そのための扉は開かれていると思うと伝えると、彼はそれを承諾しました。最近の面談では、いつにも増して彼は友好的です。私には彼がどうしようもなく困惑しているように思えたので、心底気の毒に思いました。あなたもご存知のように、彼は体格が小さくか細いので、彼に自国の権利を奪い返せるのだろうかと不思議に思うことがあります。

もっとエネルギーを見せて欲しいのですが。

　必ずしもエチオピアの他の統治者と比べてこの皇帝の方が良いと私が支持しているわけではありませんが、彼はそれほど強靭ではないかもしれませんが、人情あふれる人物であると思いますし、イタリア人たちと妥協するつもりがないことは明らかです。彼は神に依存する人間として資質と短所の両面を備えています。彼は、軍人の気質を持ち合わせていません。しかし、彼は5か月もの間、塹壕のなかで命を危険に晒してきました。このようなことは今日の多くの統治者はいかなる理由でもしないでしょう。彼は社会改革を心から熱望しており、彼の統治が国に恩恵をもたらすことは間違いないと思います。(Pankhurst 2003: 103)

　数か月後、彼女は別の友人に宛てた手紙でさらに次のように伝えている。

　彼は能力と威厳にあふれていますが、イタリアが宣戦布告した後に皇帝に接見にうかがった時、（中略）私はしばしば彼が周りの政治家たちをどのように扱っていいのかわからない病弱な子供と話しているように感じることがあります。(Pankhurst 2003: 113)

　シルヴィアの憐憫の感情を誘ったのは、皇帝の政治的純真さであった。1936年8月22日に彼女が行った皇帝とのインタビューにおいて、皇帝は次のように語っている。

　エチオピアはずっとその運命を国際連盟に委ねてきた。連盟は、エチオピアの信念を裏切ってエチオピアが消滅するに任せるということなのか。連盟の加盟国は7か月の間何もしないで傍観していた。その間、私たちは、自分たちの主張が正当であることを自ら証明すべきと信じてイタリアがアディスアベバに侵攻するのを阻止しようと戦ってきた。この7か月の間、我々は連盟に対して、現代科学が発明した恐ろしい破壊兵器を備え高度に機械化された軍事力を持つイタリア軍に対抗できるような武器や軍需品が必要であることを訴え続けてきた。効果的な

戦争物資を求める私たちの要求は無視され、イタリア軍の進軍は避けられない状況となった。

我々が受けた不当な侵略行為について連盟参加国に訴えるために、国を代表してジュネーヴ（国際連盟の本部）まで来たというのに、それに対して連盟は以前（イタリアに）課していた制裁を解除するという措置をとったのである。私を代表者として送り出した1,500万人のエチオピア人を助けるために連盟は何をしてくれるのかと尋ねた時、エチオピア国民を支援する手段を申し出て平和的な方法で戦争を止めようとする加盟国は一つもなかった。

私は連盟に対して、エチオピアへの支援金として1,000万ポンド相当の借款供与を求めたが、否定された。私は国民に、どんな解決法を持ち帰ることができるというのかと尋ねた。連盟の加盟国は一言の返答もしなかった。

連盟は9月に開かれる会合でも私たちに何の望みも与えてくれないのだろうか。我々の勇敢な人々は死ぬまで戦い苦しみ続けなければならないのだろうか。今まさに流されている血は、犬の血などではない。それは人類共通の血であり、この問題を解決する道を見出してくれるのは神なのだ。

我々は皆アダムの息子であり、人間であり同じルーツを持つのに、なぜ世界の人々はエチオピアがこれほど困難に喘いでいることを感じ取ることができないのかわからない。(NTEN, Aug 22, 1936)

ハイレセラシエ皇帝がシルヴィアの期待に沿わず、また期待に沿うこともできないことは明らかであった。しかし、その無垢の心に触れたことで、シルヴィアは皇帝と彼の国の大義のために戦う決意を新たにしたのである。

シルヴィアは、世界各地に住むエチオピア人コミュニティの力を合わせても及ばぬほどの熱意と言葉を用いて皇帝とエチオピアを弁護した。彼女の考えでは、ファシズムの犠牲となっているのは、エチオピアの統治者というより国そのものであった。当初、か弱く頼りないと思っていた皇帝を、彼女は次第にエチオピアの良き統治者としての資質があると認識するようになった。それと同時に、彼女はエチオピアの豊かな歴史と文化について知るようになり、エチオピアとその正統な政府のために

正義がもたらされるのを見届ける決意を新たにしたのである。

　1936年5月から1950年12月にエチオピアとエリトリアの連邦制決議が国連で採択されるまで、シルヴィアはエチオピアの独立回復のために新聞を制作しさまざまな人々に書簡を送付した。彼女の新聞は、世界の出版界においてエチオピアがどのように描出されるのかについて監視を怠らなかった。彼女は、どんなジャーナリストも新聞記事も、事実においてもイデオロギーにおいても誤った記述が含まれているとみなしたら、見過ごさなかった。フレデリック・ルガード卿[1]、マージェリー・パーラム[2]、ファシスト・イタリア政権のプロパガンダを担う人民文化省、イギリスの保守党など多くの人々がエチオピアについて悲観的あるいは侮辱的な記述を行ったとして厳しい批判を受けた。

抵抗を続ける：1936年5月から1940年6月まで

　1936年5月から1938年3月までニュータイムズ・アンド・エチオピア・ニュース紙は、イタリアに対する制裁措置への支持を集めることに専念した。ファシストの残虐行為を糾弾し、エチオピア人の抵抗に対する支持を表明した。エチオピア文明の優れた側面や皇帝と小さな亡命政府の日々の活動の様子が広く公表された。シルヴィアは皇帝とのインタビューを定期的に行い、皇帝の考えや言葉をイギリスの大衆に届けた。1936年7月に国際連盟総会で皇帝が行った有名な演説も全文が掲載された。

　1938年3月、イギリスとフランスは、両国の融和政策の一環として、公式にイタリアのエチオピア占領を承認した。シルヴィアは、この政策がイギリス史上最大の裏切りに値すると主張し、エチオピアの独立のための闘争は続けるべきと力説した。この政策は平和を確保するためのものであったが、シルヴィアはファシズムとナチズムとの融和は不可能であり、その指導者たちはヨーロッパを戦争に陥れると主張した。

　イギリス政府がまさにイタリアのエチオピア占領を承認しようとして

---

[1]　訳者注：フレデリック・ルガード（1858-1945）は、香港総督やナイジェリア総督などをつとめたイギリス人植民地行政官である。英領アフリカ植民地における間接統治の意義について論じた『英領熱帯アフリカの二重統治論（*The Dual Mandate in British Tropical Africa*）』（1922）の著者でもある。

[2]　訳者注：マージェリー・パーラム（1895-1982）は、アフリカ史を専門とするイギリス人研究者である。エチオピアについては、『エチオピア政府（*The Government of Ethiopia*）』（1969）という書物を著している。

いた時、シルヴィアは反ファシズム・平和運動を推進する諸団体と連携して「アビシニアと国際連盟を守れ」と書かれた横断幕を掲げて大規模なデモ行進を組織した。4万人近い人々がロンドンのトラファルガー広場に集結し、いくつかの要求が提示された（Pankhurst 2003: 66）。そのうちの一つがエチオピアに関するものであった。

　　　　イギリス政府に対して、〔イタリアによる〕エチオピア征服
　　　の承認を拒否すること、〔国際連盟本部〕ジュネーヴにおいて
　　　皇帝が保有する代表権を損なうような行動をひかえることを求
　　　める。(Pankhurst 2003: 66-67)

　だが、デモ行進をよそに、イギリス政府は1938年11月2日にイタリアのエチオピア占領を正式に承認した。シルヴィアはニュータイムズ・アンド・エチオピア・ニュース紙において、英伊協定は支持できないと断言し、「我々は同協定を破棄させるために何千人もの同志と力を合わせて戦うことを誓う」（NTEN, Nov 2, 1938）と述べた。シルヴィアは皇帝にイギリス政府の決定を伝えると同時に、この政策が必ずしも国民の意思を反映したものではないと告げた。彼女は皇帝への手紙で、無為の日々がしばらく続くかもしれないが、正義のために戦う人々が勝利する日がきっとやってくると予言した。そして手紙を楽観的な言葉でこう締めくくった。「待っている間はうんざりするし、心も折れそうになるかもしれないけれど、我々は最後には勝利をおさめます。」（NTEN, Nov 2, 1938）
　1938年後半から1940年半ばまで、エチオピアの主張が実現されると信じる人はほとんどいなかった。1936年に国際連盟が表明していたイタリアのエチオピア占領に対する非難の感情は反転し、エチオピアは世界の政治情勢の犠牲となった。エチオピアが国として存続する権利は否定され、エチオピアを侵略した側が報われた。皇帝ハイレセラシエは、代表する国を失っていた。この時期、皇帝と彼の支援者たちはイタリアと交渉を行おうとしていた。（付録5参照）
　この困難な年月の間、シルヴィアはエチオピアの士気を高めるためにできる限りのことを行っていた。当時のハイレセラシエの心境については詳しく知られていないが、彼に最も近い支援者であったブラテンゲタ・ヒルイ〔イタリア侵攻時のエチオピアの外相〕とロレンツォ・タアザズ〔イタリアから解放後のエチオピアの外相〕は、それぞれの熱意でもっ

て彼女の信念と決意にこたえた。ロレンツォ・タアザズが、イギリスが承認したとしても正義の到来を信じる自分の信念を揺るがすものではない、昨日よりも今日、今日よりも明日、日々懸命にエチオピアの主張のために戦い続けるつもりだ、と憤慨をあらわにしてシルヴィアに手紙を書いてよこした時、さぞかし彼女も勇気付けられたに違いない。

ニュータイムズ・アンド・エチオピア・ニュース紙は、ヨーロッパ政治においてエチオピアに対して否定的な風潮があったにもかかわらず、1938年から1940年までの間、毎週定期的に刊行された。エチオピアで抵抗戦が起きるたびにそれについて調査がなされ、報じられた。1939年9月に第二次世界大戦が勃発した当初イタリアが中立的な立場を示すと、シルヴィアとニュータイムズ・アンド・エチオピア・ニュース紙は難しい局面に立たされた。イタリアは、相手国に対する攻撃的プロパガンダを諫める英伊協定に違反しているとしてシルヴィアを批判した（Pankhurst 2003: 89-94）。その結果、同紙はイギリス国外での販売が禁止され、イタリアはイギリス国内でも発行禁止に追い込もうと圧力をかけた。イタリアが1940年6月にイギリスに対して宣戦布告した時になってようやく、世界に向けて同紙の輸出が再開された。プロパガンダが長期にわたる影響を及ぼすことを確信して、シルヴィアはニュータイムズ・アンド・エチオピア・ニュース紙をアムハラ語に翻訳し、ジブチとスーダン経由でエチオピアにコピーを送付した。

エチオピアを解体しようとするイギリスの謀略に反対する

ロンドンにあるイギリス公文書館に保管されている公文書に示されるイギリスのエチオピア政策は、シルヴィアが新聞や手紙で主張した見解とは根本的に異なった（Pankhurst 2003, Chap 10）。イタリアの宣戦布告によって1938年の英伊協定は無効となったが、それによってイギリス政府がエチオピアを主権国家として承認するとは限らなかった。シルヴィアは、イギリスが戦後のエチオピアに関して秘密の計画を有しているのではないかと疑っていたが、その疑念は遠からずあたっていた。

エチオピアに対するイギリスの政策は（1940年に）陸軍省と植民地省が策定し、それはエチオピアを分割し、「境界線の改正」と呼ばれる手法によってアフリカの角地域〔現在のソマリア・ジブチ・エチオピア・エリトリア〕の地図を再編する計画を含んでいた。これらの計画は戦後に実施されることになっており、植民地を民族・言語を基準に6つの県に

分割したイタリアのエチオピア政策に強く影響を受けていた。

　この計画は、エチオピア西部のオロモ人居住地域をイギリス保護領に編入し、戦後イタリア政府が改編されたら、ソマリ人居住地をイタリアに割譲するというものであった。またイギリス・エジプト共同統治下のスーダン、ソマリランド、ケニアの植民地総督たちは、エチオピアの領土をそれぞれの植民地に併合することを計画していた。スーダン植民地政府はエリトリアの分割を企んでいた。〔イタリアから解放後の〕エリトリアに設置されたイギリスの軍事政府は、エリトリア南部とエチオピア側のティグライ人居住区を合体させたティグライ州の創設に向けて話し合いを進めていた。ケニア〔植民地〕政府は国境をエチオピア南部へと拡大する計画を立てていた。英領ソマリランド〔植民地〕政府は全ソマリ人居住地域を一つのソマリアに統合する決断を下していた。エチオピアと皇帝の領土として唯一認められたのは、漠然とアムハラ地方として知られていた中部の地域だけであった。

　いうまでもないが、こうしたイギリスの政策立案において皇帝ハイレセラシエは蚊帳の外に置かれた。皇帝は、陸軍省や植民地省により計画された諸政策をそのまま承認したイギリス外務省から無視されていた。彼は1940年6月23日に（スーダンの首都）ハルツームに飛行機で移動したが、イギリス政府が皇帝と彼の国を戦中・戦後にかけてどう処遇するのかについて明確な政策が確定していなかったため、同年末まで〔皇帝は〕ハルツームに引き止められた。

　しかしながら、皇帝の復位と1935年以前の〔エチオピアの〕領土回復は、公の場で議論されることになった。それはシルヴィアの尽力と彼女の週刊紙によるところが大きかった。毎週、シルヴィアと支援者たち（国会議員の友人も含む）は、イギリス政府にエチオピアに関する政策見解を公にするように要求した。こうした努力により、エチオピアとその統治制度を最小限にしか損なわない形で政策が立案され実行に移された。そして約6か月後、この運動は実を結んだ。1941年2月2日、外務大臣アンソニー・イーデンは、庶民院（下院に相当）において、イギリス政府が独立国としてエチオピアの再生を歓迎し、皇帝ハイレセラシエの統治権を承認すると発表した（Pankhurst 2003: 142）。

皇帝ハイレセラシエの正統な統治者としての承認

　イギリスは、1941年に皇帝ハイレセラシエを復位させたものの、

1944年末まで皇帝とエチオピアを従属的立場に貶めた。上記で述べたように、イギリスはまだエチオピアを解体し再編する企図があった。それはエチオピアの大半の領土をケニアとスーダン、そしてゆくゆくは独立国家となるソマリアに統合させるという計画であった。数々の交渉を重ねた末（それはシルヴィアによる不屈の運動の成果であった）、エチオピア帝国政府による統治を1935年以前の状態に復活させることを定めたイギリス・エチオピア協定が1944年12月19日に締結された。

シルヴィア・パンクハーストが皇帝の復位とエチオピアの独立回復のために大きな役割を果たしたことに、皇帝は謝意を表した。皇帝は、エチオピアに無事帰還を果たした数日後、シルヴィアに次のような電報を送った。

「あなたは私が首都に戻ってきた喜びを共に味わってくれることでしょう。エチオピアの権利回復のためにあなたが尽力し支援してくださったことを、私とエチオピア国民は決して忘れはしないでしょう。」

この電報は、1941年5月17日付けのニュータイムズ・アンド・エチオピア・ニュース紙に掲載された。皇帝はこの言葉どおり、1943年にシルヴィアをエチオピアに招き、彼女にいまだかつて外国人に授けられたことのない最高位のメダルを授け、その恩に報いた。

エリトリアとソマリアの再統合におけるシルヴィアの役割

シルヴィアは帝国の再建者でもあった。エチオピア帝国政府における彼女の協力者はエリトリア出身者であった。やがて彼女はエリトリアがエチオピアに再統合することが最も理にかなった選択肢であると信じるようになった。彼女は1943年のエリトリア訪問時には、エチオピアの歴史と文化、とりわけエリトリアに関する文献を渉猟した。1943年から1952年まで、シルヴィアはエリトリアにおけるイタリアとイギリスの占領について、エチオピアとその利害関心の視点に立ち執筆活動を行った。彼女の著作『かつてのエリトリア』（1952）は、そうした執筆活動の総集編ともいえる作品となった。

シルヴィアは、ソマリアに関しても幅広く執筆しており、彼女の地政学的観点を反映していた（Pankhurst 1951）。彼女は、アフリカの角地域

の地図を再編しようとするイギリスの目論見に反対する一方で、エチオピアのために新たな地図を作ることにも関心を持っていた。エリトリアのエチオピアへの併合は、エリトリア内でもかなり支持されていたので比較的容易であった。しかしシルヴィアは（英領とイタリア領双方の）ソマリランド全域がエチオピアに帰属するべきであると、イギリスの世論に訴えることにも注力した。イタリア領ソマリランドに関する彼女の著作には異論が大きかったが、そこで彼女は過去を自由に解釈し、何のためらいもなくソマリアがエチオピア国家の天然の海岸線をなしていると結論付けた。彼女は、ザンジバルのスルタン土国が極めて制限された支配権しか持たず（内陸には10マイルの範囲のみ）、イギリスとイタリア両国とも（ソマリランドに対する）エチオピアの統治権を侵害していることを了解済みであると述べた。彼女は、エチオピアとソマリアの国境がメネリクによってもたらされたものであるとし、イギリスがソマリランドをエチオピアに返還する機は熟していると論じた。

1956年、皇帝はシルヴィアに対してエチオピアを第二の故郷としてほしいと招待し、彼女はそれを受け入れた。彼女はエチオピアにおいて「エチオピア・オブザーバー」という月刊誌を創刊し、亡くなる1960年まで編集に携わり、同時に多くの人道支援プロジェクトに従事した。

シルヴィア・パンクハーストは、1960年9月27日に死去した。その3か月後、近代教育を受けた青年将校たちが、皇帝に対して、学歴のある若者の活躍を阻外していると批判して反旗を翻した。クーデタは君主制への反対というよりも、皇帝自身と彼の統治のあり方を矛先としていた。クーデタの首謀者たちは、皇帝が蓄財にしか関心を持たない数人の支持者たちの言いなりになっていると批判した。発生から3日後にクーデタは失敗に終わったが、苦い記憶を残した。ハイレセラシエは教育と経済発展を通じて変革を求める諸勢力を育て上げたが、君主制の近代化・民主化には失敗し、1935年以前から続く専制体制を維持していた。シルヴィアはおそらくハイレセラシエの専制的な統治の下でエチオピアが直面している社会的政治的諸問題に気付いていたであろう。〔エチオピアは〕国としては近代化を実現していたが、皇帝はそうではなかった。シルヴィアは1960年のクーデタ未遂事件の生き証人とはならなかったが、おそらく驚きはしなかっただろう。彼女が関心を向けてきたのはエチオピアであり、その支配者ではなかったからである。

ハイレセラシエの政府に関する強い懸念と高まる政治的不満は1974

年に再燃し、君主制は廃止され、皇帝は1975年8月27日に殺害された。

エチオピア史におけるシルヴィア・パンクハーストの役割

　皇帝はエチオピア史におけるシルヴィアの役割の重要性を認識していた。ここで歴史家の立場から、シルヴィア・パンクハーストについて、エチオピア史を形成した女性の一人として捉え直してみよう。ファシズムに断固反対を唱える彼女の運動と、それがエチオピアにもたらした影響がなければ、エチオピアの現代史は全く違ったものになっていたかもしれない。当時、インドにおいて独立に向けた運動が展開されていたが、アフリカにおける植民地についてはまだ独立国家となる準備が整っていないという暗黙の合意があった。エチオピアにおけるイタリアの民族政策の結果、皇帝は国を統治する唯一の候補とはみなされなくなった。イギリスはエチオピアでイタリアが用いた民族政策について十分認識しており、これに倣おうとしていた。

　皇帝ハイレセラシエはエチオピアの愛国主義運動を率いてはいなかったため、イギリス政府はエチオピアを政治的統一体というよりむしろ地理的な領域として捉えることができた。そして、皇帝を独立国家の正統な元首として復位させる努力は最小限にとどめられた。

　イタリアが1940年6月にイギリスに宣戦布告した際に、イギリスは亡命した皇帝を巻き込む以外に選択肢はほぼなかった。シルヴィアは不撓不屈の決意を通じて、イギリス政府に対して公式にエチオピアを同盟国として表明するように圧力をかけ、陸軍省と植民地省によるイタリアのエチオピアの不法占領を慫慂するような政策を転換させた。皇帝の見解は知られていたが、エチオピアのために精力的かつ継続的にロビー活動を行っていたのはシルヴィアであった。シルヴィア・パンクハースト以上に、皇帝と彼の国の権利を代弁し得る人はいなかった。

シルヴィア・パンクハーストはアディスアベバの三位一体教会の一角、愛国主義戦士のための墓地に埋葬された。現在は息子で著名なエチオピア研究者であったリチャードと共に同地に眠る。

〔イタリア侵略と支配に対する〕エチオピアの抵抗とその限界

　エチオピアの〔対イタリア〕抵抗運動については多くの著作が執筆されてきたが、その大半が無批判な内容となっている。著者が25年前に実施した研究によると、地域ごとにそれぞれ行われていたエチオピアの抵抗運動は新しい状況に対応するための予見可能な現象の一部であった。エチオピアの愛国主義戦士たちは、亡命した皇帝に対してほとんど敬意も忠誠も示さなかった。彼らは皇帝を元首とみなさなくなり、国内にいる指導者に頼るようになった。ショワ地方の愛国主義戦士たちにいたっては、ハイレセラシエが正統な権力を保持しないと公言するようになった。同様に、〔エチオピア北西部の〕ゴッジャムやベゲムデル地方の愛国主義戦士たちは、ハイレセラシエ以外の地域の有力者に忠誠を誓うようになった。

　1939年末頃になって初めて皇帝はゴッジャムの愛国主義戦士たちと接触を持った。第二次世界大戦が始まると、イギリスは必要に応じてアフリカの角においてイタリア人たちをどのように処遇すべきかについて情報を求めていた。また、イギリスは戦争を遂行するにあたって皇帝を利用する可能性も模索していた。〔イタリア占領下のエチオピア〕偵察の任務は国際連盟のエチオピア代表ロレンツォ・タアザズに委ねられた。1939年末、彼はスーダンのイスラーム教徒のハバブ族を装ってエチオピア西部に侵入し、軍事情報を収集した。彼はゴッジャムの愛国主義戦士たちと接触し、彼らに皇帝が置かれている状況と勃発寸前のイギリスとイタリアの戦争について情報を伝えた。1940年３月、彼はゴッジャムの愛国主義戦士たちから託された皇帝宛の手紙を多数携えてイギリスに戻った。

　イタリアはエチオピアにおいて直接統治を目指しており、いかなる形の抵抗運動も強制的に弾圧する必要があり、1936年から1938年まで恐怖政治をしいた。この恐怖政治は功を奏し、イタリアは財源節約のために直接統治から間接統治へと政策転換を行った。1938年から1940年までの間に、エチオピアはおおむね制圧された。抵抗は鎮圧され、植民地政策はエチオピア人貴族との対立よりもむしろ〔彼らの〕協力を模索する方向へと転換した。ファシスト国家は、直接統治が高くつくことを認識し始め、エチオピアの貴族層は植民地支配を避けられないものとして受容し始めていた。エチオピアは、一致団結して抵抗を行うにはあまり

にも分裂していた。

　エチオピア正教会とエチオピアにとどまった高位の貴族は巧妙な方法で制圧された。宗教に関しては、イタリア植民地政府によってこれまでになく教会の自立性が高められた。キリスト教が〔4世紀に〕伝来して以来、教会はエジプトのコプト教会の傘下に置かれてきた。エチオピア正教会の大司教は常にエジプト人であった。イタリア人たちは、政治における宗教の役割を十分に認識していたため、エチオピア正教会をエジプトのコプト教会から断絶させた。短いイタリア植民地統治の間に、エチオピア正教会は独立した教会となった。エジプト人大司教は本国に送還された。

　国の宗教・政治共同体に対して責任を担う国民的教会が存在することの持つ政治的意義は歴然としていた。皇帝は、亡命先から帰還するやいなや、エジプトのコプト教会との関係という問題に取り組んだ。過去に戻ることはできなかった。そしてついに1951年にエジプトのコプト教会の祝福を受けて、エチオピア正教会は独立正教会（完全なる自立）となることを宣言した。

　イタリアは亡命した皇帝を脅威とは感じていなかった。1936年6月から同年末まで、イタリア政府は複数のルートから皇帝への接触を試みた。その一つがバチカンのローマ法王であった。イタリア政府としては、亡命した皇帝が正式に退位を受け入れ、イタリアによるエチオピア占領を承認することを求めていた。彼らは、皇帝が降伏すれば、征服したばかりの植民地の各地で起きている抵抗運動を弱体化させる効果があると信じていた。

　皇帝はあらゆる可能性を受け入れる準備ができていた。イギリスとフランスがイタリアのエチオピア占領を認めない限り、皇帝の方が優位な立場にあった。1936年12月、皇帝は〔イタリアに対して〕降伏の条件を五つ提示した。

①政治犯の釈放と彼らが出国する権利の保障
②イタリア人に勾留されている愛国主義戦士たちに対する善処
③皇帝の資産に対する友好的で満足のいく解決
④皇帝が退位とイタリアによる征服を承認することを受け入れる意向があること
⑤皇帝の長男アスファウォッサンがエチオピアに帰還しイタリア支配下での国の発展に関与することを許されること

イタリアは、皇帝の和平イニシアティブを受け入れ、最初の四つの条件については受け入れたが、最後の条件は拒否した。エチオピア国内に皇室メンバーが存在することは避けたかったのである。

1937年まで交渉努力は続いたが、イタリア人は植民地支配が確固たるものとなると譲歩を止めた。エチオピア側では、皇帝の努力は二つの勢力によって妨害されていたことが、アルベルト・ズバッキの検証した資料から明らかになっている（Sbacchi 1974）。その一つがシルヴィア・パンクハーストを急先鋒とする反ファシスト運動推進者たち、もう一つがイギリス政府であった。イギリス政府としては、将来もしかしたら皇帝を切り札として使えるかもしれないと考えていたので、ハイレセラシエがイタリアと取引を行うことに反対した。

イギリスが1938年末にイタリアのエチオピア占領を承認したことは、エチオピアの大義と皇帝にとって大きな痛手となった。亡命の年月に関する我々の知識は包括的とはいえないが、1938年末からヨーロッパで宣戦布告がなされる1939年9月までは、皇帝とエチオピアの大義にとって難しい時期であった。皇帝と宮廷仲間が自分たちの国の将来を見据えて、守るべきものを守ろうとすることは当然のことであった。1938年以降、皇帝は自身の退位と降伏に関する友好的な解決策を模索して複数のルートを通じてイタリアと接触した。ジョン・H・スペンサーによると、イタリアとの交渉を求めていたのは皇帝の方であった（Spencer 1984）。1938年3月初旬、皇帝はイギリス首相ネヴィル・チェンバレンにイタリアとの交渉を仲介してくれるように求めた。皇帝は、「もしイタリアがショワ地方を自分と子孫に譲るのであれば、イタリアの征服を受け入れる準備がある」と述べた。だが、イギリスもイタリアもそれには関心を示さなかった。スペンサーの見解によると、イギリスは皇帝がイタリアと合意を結ぶことを快く思っていなかった。イギリスとしては、イタリアがドイツと同盟を結び戦争に突入したら、皇帝を利用できると考えていた。イタリアは皇帝との合意に関心を持たなかったが、フランスとイギリスがイタリアのエチオピア征服を支持したことで安堵していた。

皇帝は1938年初頭から1940年6月まで極めて孤立していた。エチオピアの大義は失われ、同盟国であったはずのイギリスとフランスはヨーロッパの平和のためにエチオピアを犠牲にしたかのようであった。アメリカ合衆国とロシアはイタリアのエチオピア征服を承認しなかったが、

両国は当時のヨーロッパにおいて大きな影響力を持たなかった。皇帝はイギリスに、エチオピアにおける抵抗運動の再結集を支援してくれるように要請したが、聞き入れてもらえなかった。スペンサーによると、皇帝はイェルサレムに永住することも検討していた。だが、最終的には、皇帝の和解への努力に対してイタリアが関心を失ったことは、皇帝にとって幸運であった。

　1940年になると、イタリアによるエチオピア支配は長期化するかのように見えたが、二つの要素がそれを阻んだ。一つは、植民地支配に対するエチオピア人の抵抗である。独立国としてのエチオピアのイメージは、容易に崩すことができなかった。エチオピアは征服されたものの、エチオピア人の抵抗勢力は国内各地でイタリア軍と戦闘を継続していた。もう一つは、シルヴィア・パンクハーストがニュータイムズ・アンド・エチオピア・ニュース紙で展開した容赦ない運動であった。毎週発行された新聞には、ファシスト政権がヨーロッパで実施した破壊的な政策とエチオピアで行った残虐行為が報じられ、それはイギリスの政治エリートをも動かす力となった。だが、イギリス政府はイタリアへの制裁には踏み込まず、それどころかイタリアのエチオピア占領を承認する道を選んだ。イギリス外務省が「ひどい新聞」と評したニュータイムズ・アンド・エチオピア・ニュース紙は、イギリス政府がファシスト政権を懐柔するためにエチオピアを犠牲にしたことを繰り返し非難した。そのファシスト政権は結局ドイツのナチス政権と同盟を結びフランスとイギリスに宣戦布告したのである。シルヴィアは正しかったのである。イタリアは1940年6月10日にイギリスに宣戦布告を行った。

参考文献

Bahru Zewde
2001 *A History of Modern Ethiopia, 1855-1991*, 2nd ed., Oxford: James Currey.

Del Boca, Angelo
1982 *Gli Italiani in Africa Orientale: La Caduta Dell'Impero*, Roma: Editori Laterza.

Dodd, Kathryn, ed.
1993 *A Sylvia Pankhurst Reader*, Manchester: Manchester University Press.

Harrison, Shirley
2004 *Sylvia Pankhurst: A Maverick Life, 1882-1960*, London: Aurum Press.
2012 *Sylvia Pankhurst: The Rebellious Suffragette*, Newhaven : Golden Guides Press.

Marcus, Harold G.
1985 *Ethiopia, Great Britain and the United States, 1941-1974: The Politics of empire*, Berkeley: University of California Press.
1994 *A History of Ethiopia*, Berkeley: University of California Press.

Mosley, Leonard.
1964 *Haile Selassie: The Conquering Lion*, Englewood Cliffs, NJ: Prentice-Hall.

Pankhurst, Richard
2003 *Sylvia Pankhurst: Counsel for Ethiopia: A Biographical Essay on Ethiopian Anti-Fascist and Anti-colonialist History, 1934-1960*, Los Angeles: Tsehai Publishers.

Pankhurst, Sylvia E.
1931 (reprint in 2019) *The Suffragette Movement: An Intimate Account of Persons and Ideals*, London: Read Book Ltd.
1932 (reprint in 1987) *The Home Front: A Mirror to Life in England During the First World War*, London: Vintage/Ebury (A Division of Random House Group).
1951 *Ex-Italian Somaliland*, London: C.A. Watts.
1952 *Eritrea on the Eve*, London: C.A. Watts.

Sbacchi, Alberto
1974 "Secret Talks for the Submission of Haile Selassie and Prince Asfaw Wassen, 1936-1939," in *The International Journal of African Historical Studies* 7: 668-80.

Spencer, John H.
1984 *Ethiopia at Bay: A Personal Account of the Haile Sellassie* Algonac, MI: Reference Publications.

Tekeste Negash
1987 *Italian colonialism in Eritrea, 1882-1941*, Stockholm: Almqvist Wiksel.

エチオピア関係文献の紹介

石川博樹『ソロモン朝エチオピア王国の興亡——オロモ進出後の王国史の再検討』
　　山川出版社、2009年

石田憲『地中海新ローマ帝国への道——ファシスト・イタリアの対外政策1935–39
　　年』東京大学出版会、1994年

伊藤正孝『アフリカ二つの革命』朝日新聞社出版局、1983年

石原美奈子編『せめぎあう宗教と国家——エチオピア　神々の相克と共生』風響社、
　　2014年

石原美奈子編『現代エチオピアの女たち——社会変化とジェンダーをめぐる民族誌』
　　明石書店、2017年

石原美奈子『愛と共生のイスラーム——現代エチオピアのスーフィズムと聖者崇拝』
　　春風社、2021年

大場千景『無文字社会における歴史の生成と記憶の技法——口頭年代史を継承する
　　エチオピア南部ボラナ社会』清水弘文堂書房、2014年

上村知春『恵みありて、インジェラに集う——エチオピア正教徒の食をめぐる生活
　　誌』春風社、2023年

カプシチンスキー，リシャルト（著）、山田一廣（訳）『皇帝ハイレ・セラシエ——
　　エチオピア帝国最後の日々』筑摩書房、1986年

金子守恵『土器つくりの民族誌——エチオピア女性職人の地縁技術』昭和堂、2011年

川瀬慈『ストリートの精霊たち』世界思想社、2018年

川瀬慈『エチオピア高原の吟遊詩人』音楽之友社、2020年

佐川徹『暴力と歓待の民族誌——東アフリカ牧畜社会の戦争と平和』昭和堂、2011年

砂野唯『酒を食べる——エチオピアのデラシャを事例として』昭和堂、2019年

田中利和『牛とともに耕す——エチオピアにおける在来型農耕の未来可能性』中西
　　印刷出版部松香堂書店、2018年

福井勝義編『社会化される生態資源——エチオピア　絶え間なき再生』京都大学学
　　術出版会、2005年

西真如『現代アフリカの公共性——エチオピア社会にみるコミュニティ・開発・政
　　治実践』昭和堂、2009年

西崎伸子『抵抗と協働の野生動物保護——アフリカのワイルドライフ・マネージメ
　　ントの現場から』昭和堂、2009年

眞城百華『エチオピア帝国再編と反乱（ワヤネ）——農民による帝国支配への挑戦』
　　春風社、2021年

眞城百華「アクスム王国のオベリスク——イタリアによる略奪と返還」永原陽子編
　　『岩波講座世界歴史18アフリカ諸地域～20世紀』岩波書店、2022年、pp. 261-262

松村圭一郎『所有と分配の人類学——エチオピア農村社会の土地と富をめぐる力学』
　　世界思想社、2009年

宮脇幸生『辺境の想像力——エチオピア国家支配に抗する少数民族ホール』世界思
　　想社、2006年

宮脇幸生編『国家支配と民衆の力——エチオピアにおける国家・NGO・草の根社会』
　　大阪公立大学出版会、2018年

吉田早悠里『誰が差別をつくるのか——エチオピアに生きるカファとマンジョの関
　　係誌』春風社、2014年

【訳者紹介】

眞城　百華（まき・ももか）
上智大学教授。エチオピア史、アフリカ研究。
主な著作に、『エチオピア帝国再編と反乱（ワヤネ）―農民による帝国支配への挑戦』（春風社、2021年）、「民族の分断と地域再編―ティグライから見たエチオピアとエリトリアの100年」（小倉充夫編著『現代アフリカ社会と国際関係―国際社会学の地平』有信堂、2012年）、「戦う女性たち―ティグライ人民解放戦線と女性」（石原美奈子編著『現代エチオピアの女たち―社会変化とジェンダーをめぐる民族誌』明石書店、2017年）、「北東アフリカにおける脱植民地化と国際秩序の再編―イタリア植民地処理と地域対立の萌芽」（納家政嗣・永野隆行編『帝国の遺産と現代国際関係』勁草書房、2017年）など。

石原　美奈子（いしはら・みなこ）
南山大学教授。文化人類学。
主な著作に、『愛と共生のイスラーム―現代エチオピアのスーフィズムと聖者崇拝』（共著、2021年、春風社）、『現代エチオピアの女たち―社会変化とジェンダーをめぐる民族誌』（編著、2017年、明石書店）、『せめぎあう宗教と国家―エチオピア 神々の相克と共生』（編著、2014年、風響社）、*Muslim Ethiopia: The Christian Legacy, Identity Politics, and Islamic Reformism*（共著、2013年、Palgrave Macmillan）、ファーガソン, J.『反政治機械―レソトにおける「開発」・脱政治化・官僚支配』（共訳、2020年、水声社）など。

エチオピアの歴史を変えた女たちの肖像

2024年5月10日　第1版第1刷発行

著　者：テケステ・ネガシュ
タペストリー：ベリット・サフルストローム
訳　者：眞　城　百　華
　　　　石　原　美奈子
発行者：アガスティン　サリ
発　行：Sophia University Press
　　　　上　智　大　学　出　版
　　　　〒102-8554　東京都千代田区紀尾井町7-1
　　　　URL：https://www.sophia.ac.jp/

制作・発売　㈱ぎょうせい
〒136-8575　東京都江東区新木場1-18-11
URL：https://gyosei.jp
フリーコール　0120-953-431
〈検印省略〉

2024, Printed in Japan
印刷・製本　ぎょうせいデジタル㈱
ISBN978-4-324-11391-2
(5300345-00-000)
［略号：(上智) エチオピアの女たち］

Sophia University Press

　上智大学は、その基本理念の一つとして、
「本学は、その特色を活かして、キリスト教とその文化を
研究する機会を提供する。これと同時に、思想の多様性を
認め、各種の思想の学問的研究を奨励する」と謳っている。
　大学は、この学問的成果を学術書として発表する「独自
の場」を保有することが望まれる。どのような学問的成果
を世に発信しうるかは、その大学の学問的水準・評価と深
く関わりを持つ。
　上智大学は、(1) 高度な水準にある学術書、(2) キリス
ト教ヒューマニズムに関連する優れた作品、(3) 啓蒙的問
題提起の書、(4) 学問研究への導入となる特色ある教科書
等、個人の研究のみならず、共同の研究成果を刊行するこ
とによって、文化の創造に寄与し、大学の発展とその歴史
に貢献する。

Sophia University Press

One of the fundamental ideals of Sophia University is "to embody the university's special characteristics by offering opportunities to study Christianity and Christian culture. At the same time, recognizing the diversity of thought, the university encourages academic research on a wide variety of world views."

The Sophia University Press was established to provide an independent base for the publication of scholarly research. The publications of our press are a guide to the level of research at Sophia, and one of the factors in the public evaluation of our activities.

Sophia University Press publishes books that (1) meet high academic standards; (2) are related to our university's founding spirit of Christian humanism; (3) are on important issues of interest to a broad general public; and (4) textbooks and introductions to the various academic disciplines. We publish works by individual scholars as well as the results of collaborative research projects that contribute to general cultural development and the advancement of the university.

Woven into the Tapestry:
How Five Women Shaped Ethiopian History

by Tekeste Negash
tapestries by Berit Sahlström

translated by Momoka Maki and Minako Ishihara

published by Sophia University Press

production & sales agency : GYOSEI Corporation, Tokyo
ISBN 978-4-324-11391-2
order : https://gyosei.jp